刘博智 口述、摄影　黄丽平 编撰

古巴唐人

刘博智 口述、摄影　黄丽平 编撰

南京大学出版社

目录

目录

序言

超越母语——刘博智的离散视觉书写

顾铮

革命、战争、殖民扩张以及自然灾害,是人类离开自己的家园走上离散之路的基本动因。一般来说,离散往往是离散者主动或被动地从低位(主要是经济,也与社会和文化密切相关)状态的国家向高位目标国家的流动,以谋取更好、更安全的生活。这种追求更好、更安全的生活的动机,包括了改善物质生活与精神生活的双重愿望,但并不一定所有的离散者都是为了这双重的改善而决定过上至少在最初可能是缺乏安全感的生活。有的人,可能就是追求物质生活的改善而走上离散之路;有的人,可能是出于追求精神自由的目的而背井离乡。不管怎么说,人,一旦走上离散与漂泊之路,无论是自愿的还是被迫的选择,身处这个过程之中,定会饱尝不被接受的痛楚与努力争取接受的艰辛。

作为边缘游牧的族群,加上语言、文化以及宗教的多层隔阂,所有的离散者要面对与克服的生存困难非常之大。而华人离散族群,在19、20世纪所经受的磨难,一定是人类历史上人们为争取更好出路的努力中可贵的部分之一。与非洲人、印度人、东欧人、俄罗斯人、犹太人等反复书写他们的离散之苦不同,饱尝离散之苦的华人的离散书写似乎并不是那么多,尤其是进入世界文学史的华人离散书写,更为罕见。与来自其他国家的离散者们的书写努力和实践相比,华人华裔的离散书写似乎根本不成比例。同时,这种稀少也与这份沉重的历史所要求的书写责任不成比例。而有关离散华人历史与现状的视觉书写,更是微乎其微。

从这个意义上说,现居美国的华裔摄影家刘博智先生有关离散华人的持续拍摄及其成果,就非常难能可贵,足以构成我们探讨离散视觉书写的重要对象。出生于1950年的刘博智自己就是一个离散者,祖籍广东,生于香港,成年后先赴加拿大再转赴美国留学并最终定居美国任教。他的离散经历有点像从加勒比海地区移民宗主国英国的那些人,但不同的是,刘博智不是从英国殖民统治地(香港)移民到殖民宗主国(英国),而是去了非殖民宗主国的美国。以他在美国的经历,相信他仍然能够深切体会到离散与漂泊的艰难滋味。

从某种意义上说,从香港来到美国的刘博智与他的拍摄对象,无论是在美华人、古巴华人还是东南亚华人,都属同类,都是中华民族离散族群的一员。他以摄影的方式来关注从根本上说是自己同类的生存状态,也许可以说是他的一种理所当然的选择。但他与他们又确乎有着某种不同。通过接受高等教育以及自身的努力,作为大学摄影教授的刘博智应该属于中产阶级的上层，是世俗意义上的成功者，也是许多离散者的仰慕对象。而他通过镜头所面对的各地华人，更多的是在备尝离散之苦后终于有了比较稳定的生活的下层人士。因此，他与他们之间，尽管同是离散者，实际上仍然存在着某种阶层落差。值得关注的是，虽然存在阶层落差，处于相对高位的离散者刘博智仍决意要以自己的方式为处于相对低位的他们（其实也是为他自己）照相，留下他们的生存状态。

刘博智继长期关注北美华人的生存状态后，从2009年开始，历时十多年持续拍摄了在古巴生活的华人群体。这个目前仍留在当地生活的华裔群体，人数已经不多，仅有百余人，其中许多人已是几代跨种族通婚的华人后裔，因此族群样貌呈现出一种更为复杂的情况。

发生于冷战时期的古巴革命，并没有给当时人数有两万左右的华人移民族群带来更好的发展机会。冷战大势下的美国制裁令古巴的经济每况愈下，当地许多华人主动做出离开的选择，许多人因此再度离散世界各地。古巴成为许多当地华人二次离散的出发点而不是终点。而刘博智开始于2009年的古巴华裔群体系列所呈现的，则是已近奄奄一息的当地华人的生存状态。

刘博智的古巴华裔群体系列结合了肖像摄影与人文纪实抓拍这两种手法来展示他们的生存景况。在他以肖像摄影手法拍摄的肖像中，那些高鼻深目的华裔后代们，手持祖辈的照片以显示他们的根脉。同时，许多人的面相则以一种混血杂交的形象示人。在这里，他们手中的祖先肖像照片成为他们身份的起源与根本，以此昭示自己之所来。他们手中的照片，或许并没有更多的信息可供解读，但只要它在，就是他们自身的出处所在。他们与祖先的关系，他们的身份认同，就依靠手中这一张世代相传的薄薄的、脆弱的、褶皱的、裂痕与色斑同在的照片来维系。刘博智这些并置了祖先与今人形象的画面，既是时空的压缩——将几代人的传承压缩于他所拍摄的肖像照片中，也是时空的打开——打开了几代人在此生息繁育以至凋零的艰辛。这些手持祖先照片者，经过几番混血婚姻，大大稀释了中土血脉，许多人已长成了西人模样。但照片中的人，却都是汉人面目。这种强烈的形象对比，恰恰是我一直强调的摄影志异的所要与所需。也许，今天他们的面目越西化，越与祖先形象拉开距离，就越是摄影所要志（拍摄）之异。当然，这也是刘博智的离散摄影所要。这是不同种族之间经过反复混血杂交后，"离"了故土且"散"了血脉的真实写照。

而这些经过一定程度电脑调色而使得画面具有了某种绘画效果的肖像，让我们发现，他们的形象也是摄影家按照自己的美学趣味所塑造的，也许他想强调的是通过他们的面部形象所体现出来的艰辛与坚忍。所有这些在摄影手法上的努力，其目的都是为了强调他们与我们的同中之"异"，以此更强烈地展现他们的存在和身份的特殊性。或许，没有比这种以"画中画"的方式呈现后人与先人的血脉继承来得更为直观了。

与此同时，刘博智还以具有个案色彩的采访拍摄，通过何秋兰对于粤剧孤独坚守的深入描述，以充实的信息和多变的视角，令人信服地展示出离散与文化身份的关系及其复杂性。在何秋兰那里，粤剧表演成为以她为代表的"古巴唐人"们坚持自我认同、强化身份认同的一个文化标志。这是一种文化认同转化为自我身份认同的途径与手段。而刘博智这种贴近细看的人文记录，也是一种对于弱者的共情召唤。

刘博智对于离散华人群体的观看与呈现是一种代言吗？代言或许有两种：授权的代言与不经授权的代言。前者有明确的委托与委任，后者则大多属于出于责任或使命的代言。刘博智的摄影代言，当然属于后者。这种代言，既是为大多数无法找到合适的方法言说自身经历的离散者的代言，也是为他个人的代言——他的观看也反映了他作为离散者一员的体验、经验与立场。虽然这种代言因为他自身的以及所运用媒介的局限并不全能，但他的个人观看还是为离散群体以及他们的生存努力保留了一份珍贵的记录。通过他的摄影纪实，他当之无愧地成为他们的代言者。

但摄影这种主要诉诸视觉的语言方式，所能给出的与不能给出的也许一样多。也就是说，直接诉诸视觉的（如把子孙与祖先的照片并置于一个画面中因此给出了鲜明的形象对比与时空压缩），和不能转换为画面的某些经历与内心经验，都时刻在以某种方式告诉我们，还需要更多样的、复合的书写方式来面对华人充满痛苦、撕裂与纠结的离散历史。刘博智以经典人文抓拍手法呈现的硕果仅存的古巴华裔的艰难生存，兼具人类学与民族志拍摄的特点，并通过结合口述访谈、文献（老照片、遗物、文件票据）采集等手法，为日趋凋零的"古巴唐人"这个族群做了尽可能详尽的刻画。因此，他的结合多种手法展开的复合程度较高的书写方式，是他意识到了单纯的摄影记录的局限之后所做出的某种弥补。这种力所能及的弥补，也让观者理解了摄影的局限性。

一个值得提及的事实是，虽同为华人或华裔，但刘博智在拍摄时需要翻译来与被拍摄对象进行沟通。这就提出了一个问题：如何超越母语这个"障碍"让离散书写得以展开？幸运的是，刘博智是个摄影家，他可以借助摄影超越交流与书写"障碍"的母语。

世界文学史上，那些流亡作家，如康拉德、纳博科夫、昆德拉、哈金，索尔仁尼琴等，都以深沉的笔致写出了离散所带来的沉痛经验，这其中包括了对于语言的使用（坚守母语或改为使用相对陌生的非母语）所带来的全新语感与创造性使用。尤其是非母语书写，甚至可能会对他们居住地的语言发展带来新的贡献，注入新的活力。无论是坚守母语还是改用母语之外的第二外语，他们的努力都是值得钦佩的，也值得关注并探讨其贡献如何。而对于无法与"古巴唐人"直接沟通的刘博智来说，他可以回避是否使用母语文字这个可能会带来意外结果的书写选项，而是以摄影这种超越了文字语言的视觉语言，来呈现包括他自己在内的离散者的经验与悲欢，为他们也是为他自己保存一份华人离散漂泊的记忆。他的摄影实践，同时也是一种尝试如何运用摄影超越母语的限制而实现更深入的记录与分享的努力。

刘博智是一个摄影家，他的专业语言或专业母语（我生造的词）是摄影。他因为掌握了摄影这样一个跨越语言障壁、绝大多数人能够接受且能较为迅速地习得的跨越国界与种族的视觉语言方式，因此得以较为成功地记录和传播人类的离散经验。那么，刘博智在运用摄影来面对离散、处理离散时，他对摄影语言的运用，有没有因为民族的、文化的制约或者说束缚而与其他处理离散这个主题的摄影家有所不同？而这种民族的、文化的特点与制约在以摄影方式书写离散时是否被同时呈现或无法呈现？民族的、文化的因素，在运用摄影这一超越了语言障碍的手段时，能发挥什么样的隐性作用？这些问题，可能都是更深层的问题，而且我也没有能力给出答案，我愿意以此问题作为本文的结束，并期待未来随着更多有关离散的视觉书写实践而出现有意思的答案。但我仍然愿意相信，即使有答案，那答案也不是唯一的，更不是绝对的。而我本人则要感谢刘博智和他的摄影，因为他的饱含热情的持续关注，令海外离散华人在视觉上被遮蔽的状态得以终结。我也要感谢刘博智的观看与呈现，使我有机会持续思考包括上述我自己还没有想清楚的各种问题。

引子

我叫刘博智，祖籍广东台山，1950年在香港出生。小时候读书成绩一般，十几岁思考人生出路的时候，由于教育体制问题，作为英属殖民统治的香港让我感觉没有可能学习自己感兴趣的专业，又时值"暴动"恰巧就发生在我家附近，社会惶恐，人心不安。于是，像旧时金山伯赌一赌运气一样，我想出国学摄影，谋出路。

在我十九岁那年，我家举全家之力，借钱、做假财产证明，送我到加拿大读书。然而，我的求学之路一开始并没有很顺利，为求生存，我在中餐厅打了多年"黑工"（非法劳工），学会了讲台山话——在此之前我并没有到过父亲的家乡台山。我的父母亲为生活到广州，后避难去了香港，他们的生活已经城市化，我没听他们讲过台山话。他们到香港才生了我，祖父母也都去世了，所以我也没机会学台山话。打黑工时，我接触了许多早期从广东出去的华人移民，广东话把华人叫"唐人"，华人讲的话叫"唐话"，华人的饮食叫"唐人菜"，华人住的地方叫"唐人街"，赚钱营生叫"揾食"，黑工叫"台底工"。做台底工的日子里，我目睹了许多老唐人在异域努力揾食的艰辛，亲身体会了我的曾外祖父和大伯真实的"金山"生活，终于明白了为什么他们在我的记忆中并没有传闻中"金山伯"应有的阔绰形象。

后来我终于如愿在美国学习了摄影，也逐渐拿起相机，从记录我身边的华人移民开始，慢慢扩大成在全世界范围内寻找他们和他们的后裔的踪迹，又或者说，是他们的故事自己找上了我……这些和我一样漂流在外的人以及他们的故事，是我一生难以言尽的奇遇。这本书要讲的，就是关于一群古巴老侨民和他们的后裔的故事。

刘博智的古巴初印象

没有唐人的唐人街

我最早的古巴印象，来自我的一位小学同学。

我11岁在香港东华三院读小学四年级的时候，问过我的同学程志伟："你爸爸去咗边？"

他说："去咗古巴，未返。"

过了八年，我们在英华书院中学毕业时，我无意间又问了一句："你爸爸去咗边？"

他还是说："去咗古巴，仲（还）未返。"

当时我觉得他真可怜。他成绩比我好，话不多，带着一丝丝那个年纪不应该有的忧伤，但他坚定的表情让我印象深刻。这就是我最初的古巴印象。那时的我，一定不知道，后来古巴会和我有交集。

甚至到了2005年秋，我的一位美国摄影记者朋友Richard Gwin，拿了几张他在古巴拍的照片给我看，其中有一张拍了一个人在街上卖葫芦瓜，他说是在唐人街，那个卖瓜的人是中非混血的古巴华裔。当时我都没听说过古巴还有唐人街，没当回事。

直到2009年4月，几经波折，我的古巴之旅终于成行！但也未曾真正想过，这次古巴之行竟然让我如此震撼。

原来古巴真的有唐人街！可是它一开始就给了我一个下马威！

像我这样一个很熟悉唐人"门道"的老手，平时在别处，就算闭着眼睛都能嗅出唐人的踪迹，但在哈瓦那的唐人街游荡了两天，连个"唐人影"都没有见到！

我四处游荡的时候发现，华区之内，有中华总会馆、龙冈公所、黄江夏堂、九江饭店、金鹰戏院、新大陆戏院、《光华报》报馆、社会主义同盟餐厅、颐侨居等等，甚至还有洪门组织，还有人敬奉关公。这些建筑楼面老旧，出入的人看着不像唐人，也不知道机构的功能、结构是否如初。但直觉告诉我，这里有故事。我沿着街走，触目可见那些斑驳的痕迹，似乎都藏着唐人来过的故事。古巴唐人究竟经历了什么唐人街才呈现出这样的现状？

多年以后，当我的"古巴唐人"系列摄影作品推出，人们不免好奇地问我，对古巴的最初印象是怎样的。我来古巴的第一天，逛过老城区，在天坛饭店吃午饭，还到洪门民治党楼里拜关公。所到之处，不管是黑人、白人还是有点像唐人却不会讲唐话的混血人，尽管未曾相见，互不相识，但他们都很热情，却也都仿佛有什么难以形容的东西克制着他们：比如我们遇见的唐人混血将军，被告知不可以访问。后来我经过一条街，街上有一个铁窗，里面站着两个黑人向我和我的朋友热情地打招呼，他们中间还有一个鸟笼，笼里有一只漂亮的小鸟，和他们一样活跃。我在街上看过去，他们和小鸟一样，只是在一个更大的笼子里。这一幕，就是我的古巴初印象——

一条没有唐人的唐人街，以及隔着藩篱却依旧热情活泼的各色人种。

唐人究竟在哪里？古巴唐人寻踪，就是广东话形容大排档炒菜："镬镬新鲜！"

我偶然路过《光华报》报馆那天，门开着，门口有一位老人，唐人长相，我便和他聊了几句。他告诉我有个古巴女人在排字间工作："她会唱粤剧。"这句话让我十分诧异，想一探究竟。

门口直入三米，我看见了几十年没见过的老式铅字印刷车间，他指给我看，说："就是她。"

第一眼看这位老太太——棕红色的头发、白色的皮肤——丝毫看不出华人血统。她腰上系着围裙，站在小木凳上，俯着身，正用牙刷和煤油洗刷铅字粒，一粒粒拿出来刷干净，然后放回原处。灰黑的手指配着熟练的手法，专心得完全没有察觉我的到来。我内心暗自诧异：铅字粒是反转的，不容易认，繁体字更难，竟难不倒这"鬼婆"！

哈瓦那华区入口，中国城

九江饭店里有"囍"字的窗户

龙冈会所内部马五常旅所

马五常旅所

中华总商会

中华总会馆

社会主义同盟餐厅

我走到她身旁，试着用广东话问她："你叫咩（什么）名呀？"

她回过头来应道："何——秋——兰。"——带一点台山口音的广东话。

我原以为她要说Maria或者Teresa这样很普遍的古巴女人的名字，可她竟然回答出了一个非常有中文特色的名字。于是我又请她写出她的名字，她竖排写下"何秋蘭"[1]，并清清楚楚用粤语读出这三个字。我问她爸爸叫什么名字，她又随手在笔记簿上写了"方標"。[2]

父女不同姓，这让我觉得奇怪！

"但是你爸爸……"我话还没说完，她就像抢答一样顺溜地说："爸爸方标！"

她很自豪地说着他爸爸的名字，接着又说："何秋兰是做戏的名。"

"你真的名字呢？"

"秋兰咯！"她调皮地瞪大眼睛微笑着说。

"你没有跟爸爸姓？"

"他不是我的正式（亲生）爸爸。"

"你的正式爸爸呢？"

"我出生一个月爸爸就过候（去世）了。"

"所以，方标就拿你做养女。你们都是好人。"

虽然能感觉她说得有点生疏，特别像一个离开家乡很久的人，很长时间没讲过方言，被人问起，突如其来得有一点结巴。但是，她说的"过候"让我很惊讶：在这个连我都不知道有唐人存在的国度，竟然有讲这么地道的台山话的白人！她喊"爸爸方标"的时候，自然得将父女深情展现无遗。她还说"是做戏的名"，那就是她上过台，甚至不是小角色，她还有艺名呢。

我终于遇见了一位会讲地道唐话的人，但她完全是白人长相！我想我不是来旅游的，我也在中餐馆切过菜、煮过饭、砍过猪骨、剥过整张鸡皮，我和曾经生活在这里的唐人是同类，我想看看我的同类和同乡。他们都怎么样了？ ●

1、2 何秋兰和方标学的中文都是繁体字。

何秋兰在排字间

小白菜是唐人来过的痕迹

2009年4月27日，我到古巴的第三天。一早，之前给我看古巴唐人街卖葫芦瓜照片的美国摄影记者朋友Richard Gwin开车，从哈瓦那出发往东，大约三小时，来到一个庄园Guaimara Hacienda。我看得出这座建筑虽然老旧，但它的结构，包括墙上的壁画，都透露着它曾经的奢华和辉煌，我不禁拿起相机。我的朋友告诉我，这是18世纪的建筑，是有钱的庄园主的大宅。

而后，朋友又带我来到附近一个高塔，因为天气闷热，长途跋涉，我提不起精神。他见无人看守，便拉着我登了上去。塔上视野开阔，简直是360度无死角，广阔的烟草田和甘蔗田尽收眼底。我的朋友叫我想象当年奴隶的苦役，我猛然心头一紧。我真是无知，竟从未想到古巴还有奴隶！

我们站上去的这座高塔，叫Manaca Iznaga钟楼，现在是古巴著名的景点。19世纪建成时，它是一座瞭望塔，主要用于监视奴隶劳作，在高处一览无遗，谁也逃不出眼底。我说的"逃"，不是指偷懒，而是逃命！如果罔顾历史，这是多美的风景啊！

中国移民大规模到达古巴的历史，可以追溯到1847年。1847年至1874年，是学界普遍认为的中国人移入古巴的第一波浪潮。

19世纪上半叶，随着黑奴贸易的取消和奴隶制度的废除，让原本依靠超过总人口数一半以上的黑奴作为主要劳动力的古巴（西班牙殖民地）急需另觅劳动力来源。与此同时，中国的社会状况十分复杂，清政府无能，社会孱弱，民不聊生。1842年《南京条约》签订，迫使厦门、福州、宁波、上海、广州五个口岸

十八世纪庄园主大宅Guaimara Hacienda外景

十八世纪庄园主大宅Guaimara Hacienda内部空间

十八世纪庄园主大宅Guaimara Hacienda走廊

十八世纪庄园主大宅Guaimara Hacienda壁画

Manaca Iznaga钟楼，以前是监视奴隶劳作的瞭望塔

从钟楼远望糖厂谷，右侧鲜艳的建筑上写着"欢迎来到特立尼达"

开放，苦力贸易随之剧增，甚至扩展到汕头、香港、澳门（1847年至1874年，从澳门运去古巴的华工占了总数的70%）。1860年《北京条约》的签订使英法率先获得在中国招工的权利，让苦力贸易正式浮出水面，契约华工公开合法。在粤西，"土客之争"加剧了本土族群的分化和矛盾，外加太平天国运动失败，数以万计的太平天国支持者等待被处决，这些又促使大批民众萌生了出海谋生的念头。

随着古巴进口奴隶数量的下降，华工苦力贸易上涨。广东人用"卖猪仔"形容苦力贸易是非常形象的——人贩子叫"猪仔头"，被卖的苦力叫"猪仔"。在苦力贸易的利益驱使下，猪仔头使出各种坑蒙拐骗的招数，甚至强迫签约。猪仔一旦被赶上远洋的船舱，等待他们的将是怎样的波折不言而喻。1847年7月3日，西班牙女王正式颁布谕旨允许古巴引进中国劳工。其实，迫不及待的苦力贸易已经让第一批华工在谕旨颁布前的一个月登上了一艘西班牙双桅船"奥奎多号"（Oquendo）。船上装载华工206人，从厦门出发，历经131天，6人在途中去世，7人到岸不久后去世。同年6月12日装载了400名中国人的英国"阿吉尔公爵号"（Duke of Argile）在123天的航行中有35人死亡。1847—1874年间，前往古巴的华工一共143040人，其中17032人在航行途中死亡，平均死亡率12%，古巴苦力船被称为"浮游棺材"（floating coffins）。

贩运到古巴的华工，一般在哈瓦那登岸。哈瓦那港湾入陆地稍远一些，它的东南岸有一个小镇雷格拉（La Regla），是专门关押逃亡奴隶的地方，被称为逃奴收容所（Deposito de Cimarrones），实际上就是"卖人行"。装运契约华工的"苦力船"抵港后，经医生检疫和官方验收，苦力进口商立即驱赶华工登岸，把他们关押在猪仔馆里，西文是barracoon，实际就是奴隶营。根据《美洲最早却不为人知的马里埃尔中国公墓》一书记载："十八世纪西方船只运猪仔到古巴数量之大，以致哈瓦那的雷格拉（La Regla）各种卫生问题和传染病严重，马里埃尔（Mariel）港口为此建立了观察站、检疫站、隔离所和医疗所。船只虽然来自不同国家，但对从中国来的更为注意。猪仔在澳门被扣留期间，住在像监狱一样拥挤的猪仔馆，饮食和卫生条件都非常差。当时在古巴不同的港口，有九种传染病暴发，抵达马里埃尔港口前后死亡的人数非常多，因此有的治疗所设有公共墓地。马里埃尔下葬的第一个华人Li-Achoi，他自报职业是农民，在公海上生病，18天后抵达，隔离7天后病逝。保守估计，在1847—1874年间，起码有658个猪仔因病死亡，其中有肺病，也有和抽鸦片有关的。直到政府禁止贩卖猪仔后，死亡率才下降。"

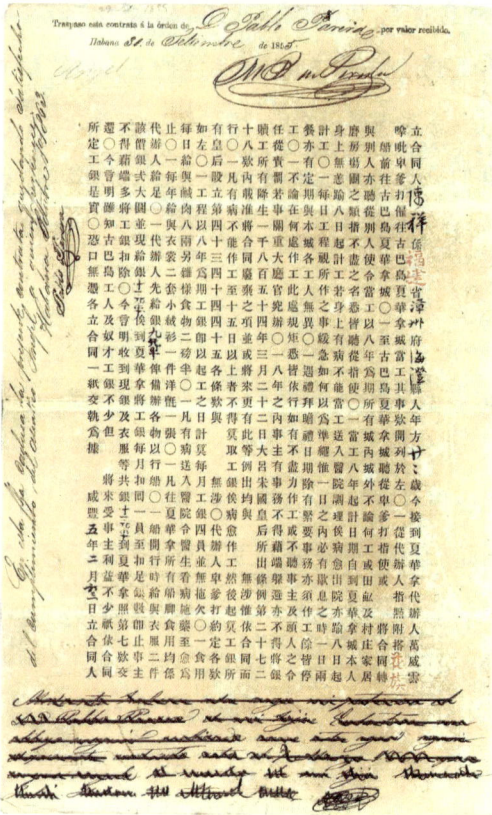

1855年一位名为陈祥的苦力签订的契约，中文版

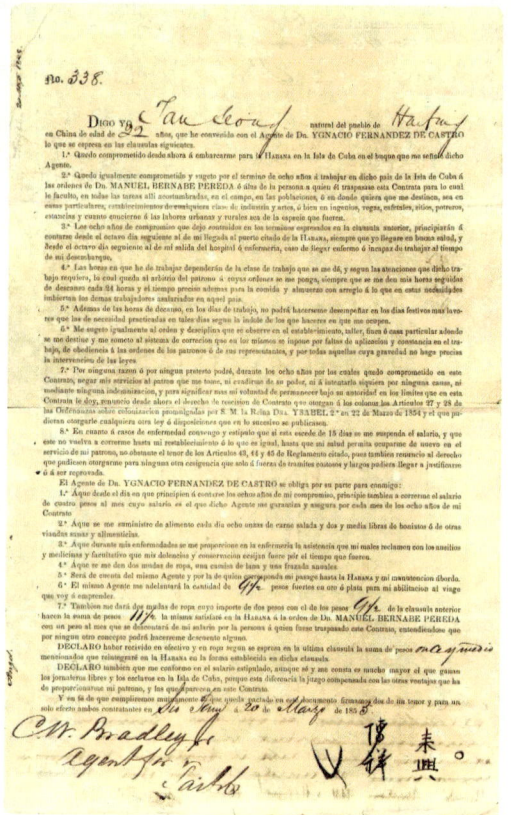

1855年一位名为陈祥的苦力签订的契约，西文版

挨过幽暗拥挤的船舱，躲过疾病之后，苦力们进入了高强度的劳作。虽说苦力在出发之前与招工所订立过契约，写明了应募地带、工作性质、年限、工资数额及如何支付等，但是大批出身底层的人本身就是文盲，所谓"契约"，是否真正自愿签订，是否如约履行，实则没有任何保障。我后来在网络上找到1855年的一份华工契约合同（中文版和西文版）上面的条文显示，每个苦力每月4比索工资外，会扣除1比索用于支付他的路费，还要扣除食物和衣服，直到全部费用结清为止。虽然合约中也有规定雇主每天向工人提供8盎司咸肉、2磅半番薯，每年两套衣服、一件小绒衫、一张洋毡，华工生病时需送医院治疗。可是，这些条款是否真正如约履行，是没有任何保障的。他们和黑人奴隶一样从日出做到日落，没有休息日，共同住在奴隶营里，戴有负重的脚镣，遭受鞭打和饥饿。

糖厂谷附近一座废弃的奴隶营

蔗田使用的收割机写着中国制造，2017年拍摄

特立尼达的街头小贩正在卖南瓜

我从Manaca Iznaga钟楼望下去，远处是大片荒废的甘蔗田和糖厂谷，眼前是一座废弃的奴隶营，即传说中的巴拉坑（Barracoon），杂乱、闷热，没有通风设施，唯一的窗是墙顶上一个带铁栅的小洞。与来时路过的18世纪庄园主的大宅相比，不禁悲从中来。试问有多少祖先，默默葬身在这片土地上？

古巴是15世纪末大航海时代哥伦布发现的加勒比海上最大的一个岛屿。16世纪初，西班牙开始对古巴殖民统治，中间英国短暂占领过首都哈瓦那。古巴的经济先后经历了矿业阶段、畜牧业阶段、蔗糖和烟草种植业阶段。但不管哪国殖民、哪个阶段、哪种经济主体，白人都不是古巴主要的劳动力。古巴自16世纪初就开始进口黑人奴隶，华工苦力到古巴主要是解决种植业的劳动力问题。古巴糖业起步于16世纪末，由于天气适宜甘蔗种植，在进口华工苦力的时候，古巴已经以"蔗糖之国"闻名世界。1840年古巴蔗糖出口量跃居世界第一。蔗糖业是劳动密集型产业，特别是收获季节，甘蔗砍下之后48小时内必须压榨。在这种时候，苦力一天至少工作20小时。逃跑的华人苦力会面临肉体惩罚，甚至死刑。如果侥幸临时逃脱，他们就和其他逃跑的奴隶一起在山林中隐藏，流动而居。据甘沙罗·奎撒达（Gonzalo Quesada）估计，华工在古巴服役八年中死去的占总数的75%，而奥利维尔斯（Olivares）估计每年有10%的华工死亡，八年中死亡者占总数的55%。从首任驻古巴大使谭乾初当年的统计看，从1846年到1873年，来古巴的华工"十二万余人，今则仅存四万有奇，此外八万余人，曾经回国者不过百中一二，余皆殒身异域"。

这一天，我没有见到真正的唐人，只看见荒废的遗迹，却像是触摸到上上个世纪以来古巴拼搏过的唐人的魂。回到特立尼达小镇，看到有人卖南瓜，庄园里有人吃小白菜，这些残存着唐人来过的痕迹，似乎是要一步步引我向更深的层面探索下去。●

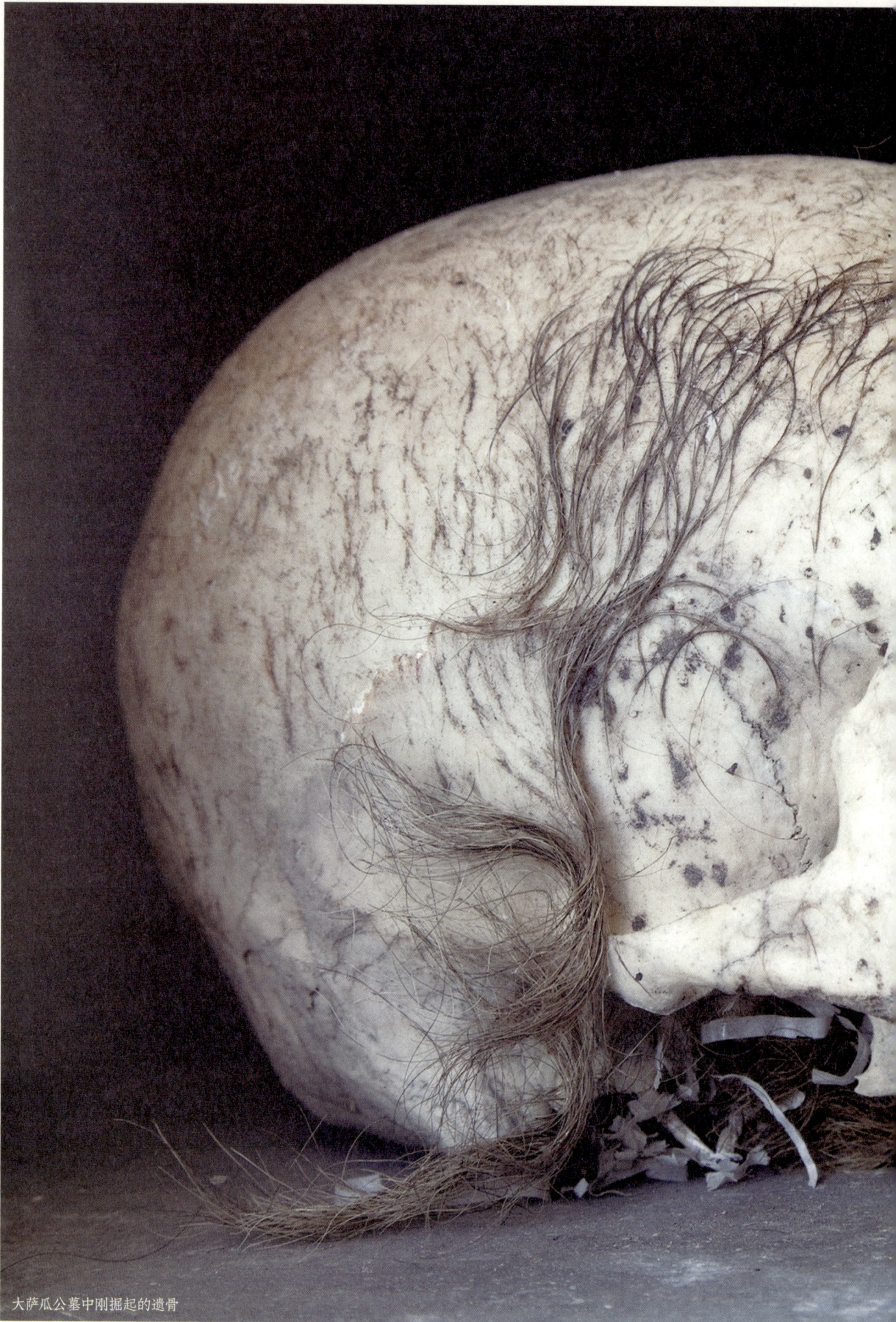

大萨瓜公墓中刚掘起的遗骨

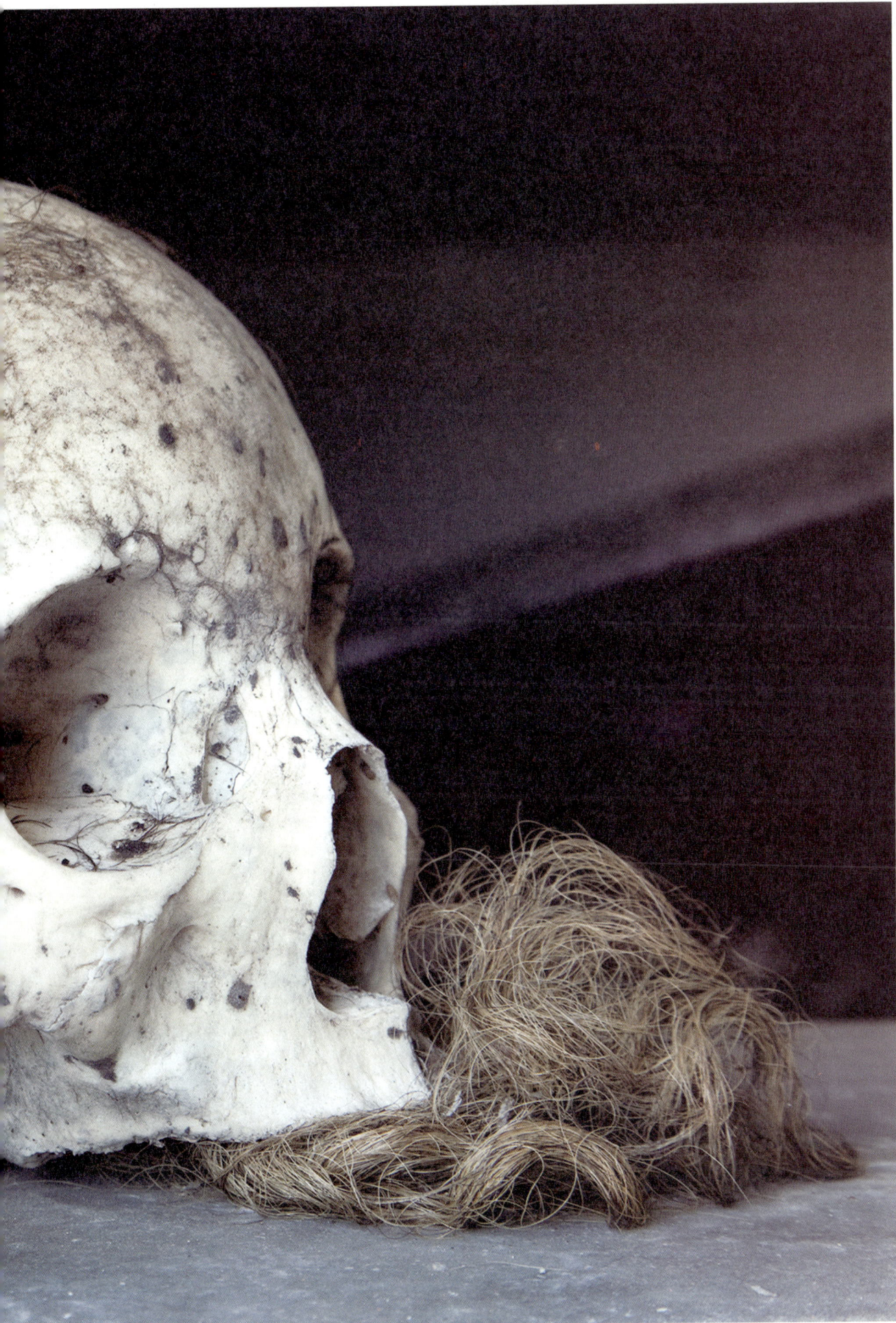

2009年，听说我四月要去古巴，我的翻译谭艳萍三月给我寄来一本《古巴华侨家书故事》，是黄卓才先生编录他的父亲黄宝世先生从古巴寄来的家书。黄宝世先生是位很有风骨的侨民，西班牙名字Fernando Wong，在古巴去世，但并不清楚是否葬在大萨瓜（Sagua la Grande[1]）的中华会馆公墓。于是我自告奋勇，要替黄家寻找黄宝世先生的坟。黄卓才给了我一个古巴大萨瓜的联系人——Fernando Wong的电话，是个40年前的号码！出发去大萨瓜的前一个晚上，我在民宿打通了这个电话，用一通夹杂了西班牙语、英语、粤语和我从没听过的广东南海九江话，鸡同鸭讲似的说了半天，才明白彼此的意思。我拿到了对方的地址。

大萨瓜是著名混血画家林飞龙（Wifredo Lam）的故乡，近年才被勉强推上旅游景点。这座城市不见打卡族，不见公交车，也没有三轮人力或马拉车，甚至连买水的小店都没有。4月28日一早，我没顾上喝一口水，转了几回车，风尘仆仆摸索到电话里说的地址，一位叫Fernando Wong的男子开门。真是奇迹，这位Fernando Wong的中文名字叫黄威雄，是在大萨瓜市土生土长的纯中国血统的华裔，他父亲的西班牙名字和黄卓才父亲一样，都叫Fernando Wong，也是70年代去世的。

黄威雄的西班牙全名叫Fernando Wong Quan。在西班牙语国家，母姓放最后。他的母亲姓关（Quan），叫关碧英，也是华人。第二天，他的儿子从大学放

---

[1] Sagua la Grande，中文称为大萨瓜或大沙瓜，本书通用大萨瓜，此篇中照片资料出现"大沙华"字样，是指同一个地方。

大萨瓜街头林飞龙壁画

右侧墙上写着"林飞龙故居"

大萨瓜中华会馆公墓

假回家，我发现他儿子的西班牙名又是叫Fernando Wong Plasencia。天啊！
我初到古巴，不管是人是"鬼"或是"半鬼"[1]，都用西班牙名称呼，本来每一个
Fernando都很陌生，都很难搞清楚，现在还一下碰上四个，真是头大！幸亏他
们没有在同一时空出现。

---

[1] 广东人口语常把洋人叫作"鬼佬"，"半鬼"是刘博智口头戏称的中外混血。

魂兮来嚮

逡拾中華民國四十式年正月吉日

大沙華中華會館誌

黄威雄在父母灵位前祭奠

不管怎样，我总算找到了黄威雄的家，他会带我去大萨瓜中华会馆公墓，希望能帮忙找黄宝世先生的坟。趁着阳光还没那么热辣，我们买了两扎向日葵，招来马车去墓地。到了之后，黄威雄先到双亲的灵位前敬拜。然后带我到一个狭小的房间，大约3米长、1米宽、3米高，里面全是亡魂骨头，一袋袋，一叠叠。眼前的情景实在难以形容，我瞬间错乱了所有摄影工作应有的步骤，简直是乱拍一通。

另一个小楼后面没有门，墙上一块白板写着"先友灵位，魂兮来嚮"。这里存放的先人遗骨大都是在20世纪50年代以后去世的，满地的骨头，断的裂的，夹杂着洋娃娃、塑料花和破十字架，姓黄姓潘姓谭姓赖姓谢的，掉得只剩几颗残牙的……架上放着开合不一的锌盒、水泥盒，装着人骨，盒的侧面几个有姓名的都来自广东台山。还有一些尚未完全腐化的骨头连着深棕色的筋带。闷热的天气使我呼吸急促，带动着蜘蛛网轻轻飘荡。

依黄卓才提供的照片中的位置寻找黄宝世先生的坟，虽然找对了地方，却没有找到他的遗骨。我们发现是另外一位逝去的人占了他放棺材的位置，但没有名字，也没有任何标记。当时我想，黄卓才应该接受不了这个消息。

黄宝世先生1925年到古巴谋生，先打工，后来开小杂货店，一直保持外侨身份，还出任过大萨瓜中华会馆主席。他一生遵纪守法，爱古巴爱祖国，努力为居民和侨胞服务。晚年时，古巴规定财产只能传给直系亲属，他的财产几乎全数被没收，没房子没积蓄，孤独寄宿在中华会馆，每月靠40元养老金度日。曾几番求助想回国，没钱没力未果，却仍在免费搭乘中国货船的轮候中，先人后己，最终客死异乡。

同年七月，我第二次到古巴，受黄卓才委托再次寻找黄宝世先生遗骨。在我的朋友吕美枝（Mitzi Espinosa）的帮助下，找到了黄宝世先生杂货店的一位帮手的后人，这位亲人带我们去他们的家庭墓地，在那里，我找到了黄宝世先生的骨盒。

起初我不明白为什么骨盒会到了那里，但事情有时候就是这么诡异。有一天，神推鬼拉似的，我去中华会馆公墓拜祭，虽然较之上次的触目惊心我已经有了点心理准备，但还是愕然发现一个放在架上的头骨，有不少棕色的长卷发还粘在上面，相信这是头皮还未完全腐化便被掘了起来，头骨下还可看见白

黄宝世先生遗照

魂兮来飨

先友灵位

大沙华中华会馆志

是于中华民国四十七年五月吉日

ESTE PANTEON FUE CONSTRUIDO
POR LA INICIATIVA DE LA
DIRECTIVA Y ASOCIADOS
DEL CASINO CHUNG WAH
EN MAYO 1958

中华会馆公坟中散落的唐人遗骨

色胶带丝。这头骨异常干净，透着冷感的美。我凝视良久才拍摄，是自觉对她的尊重。黄威雄说她应该是位白人女性，老公是唐人，家中无后，穷得连骨盒都买不起。我心情沉重，再不知从何问起。

1880年建立的中华会馆到1990年时已人去楼空，华裔再无能力关注上一代的福祉。这在一定程度上解释了1975年黄宝世先生遗体下葬中华会馆公墓却不见了的疑团。因他遗体数年腐化后，被挖了出来，遗骨入了水泥骨盒。幸而被他生前相互照顾的人领了回去，放置在他们的家族墓群中，这就逃过了像我所见那些唐人乱骨堆一样被胡乱丢弃的一劫。黄宝世先生开杂货铺之余，任大萨瓜中华会馆主席多年，服务穷困华人华裔，他还将自己回乡与家人共聚天伦的机会送给别人。我想这是前世积德行善之故，遗骨才给留住了。

黄卓才提起古巴中华总会馆前任主席周一飞生前留下的一首诗：

> 问祖索裔远中华，
> 转宗生根哈瓦那。
> 丽岛山水哺吾辈，
> 忠骨岂不献古巴。

这就是上一辈唐人在古巴的际遇。第一次到古巴的这些天，我看见过唐人留下的招牌，看见过他们受奴役的场所，甚至看见了他们的尸骨，却始终未能真正见到一个来自中国说着唐话的唐人！古巴是要给我一个怎样的唐人故事？那些影像在我脑海中起伏。黄威雄祭拜双亲时，墓碑上写着"魂兮来嚮"，我不禁思索，难道那里就是已故老侨们魂魄安息的地方吗？若是，那里遗骨成堆，对于历来认同"落叶归根""魂归故里"的中国人，该是多么凄凉！若不是，有多少位犹如"黄宝世"的魂魄，等待着"黄卓才"们引向归乡呢？

历来都是侨民输送钱财养育侨眷，现在家乡可比古巴好多了，是时候帮一帮这些地方的华人华裔了！●

终于在故人家庭坟墓中找到黄宝世先生的骨盒

14页半的家书和婴儿背带

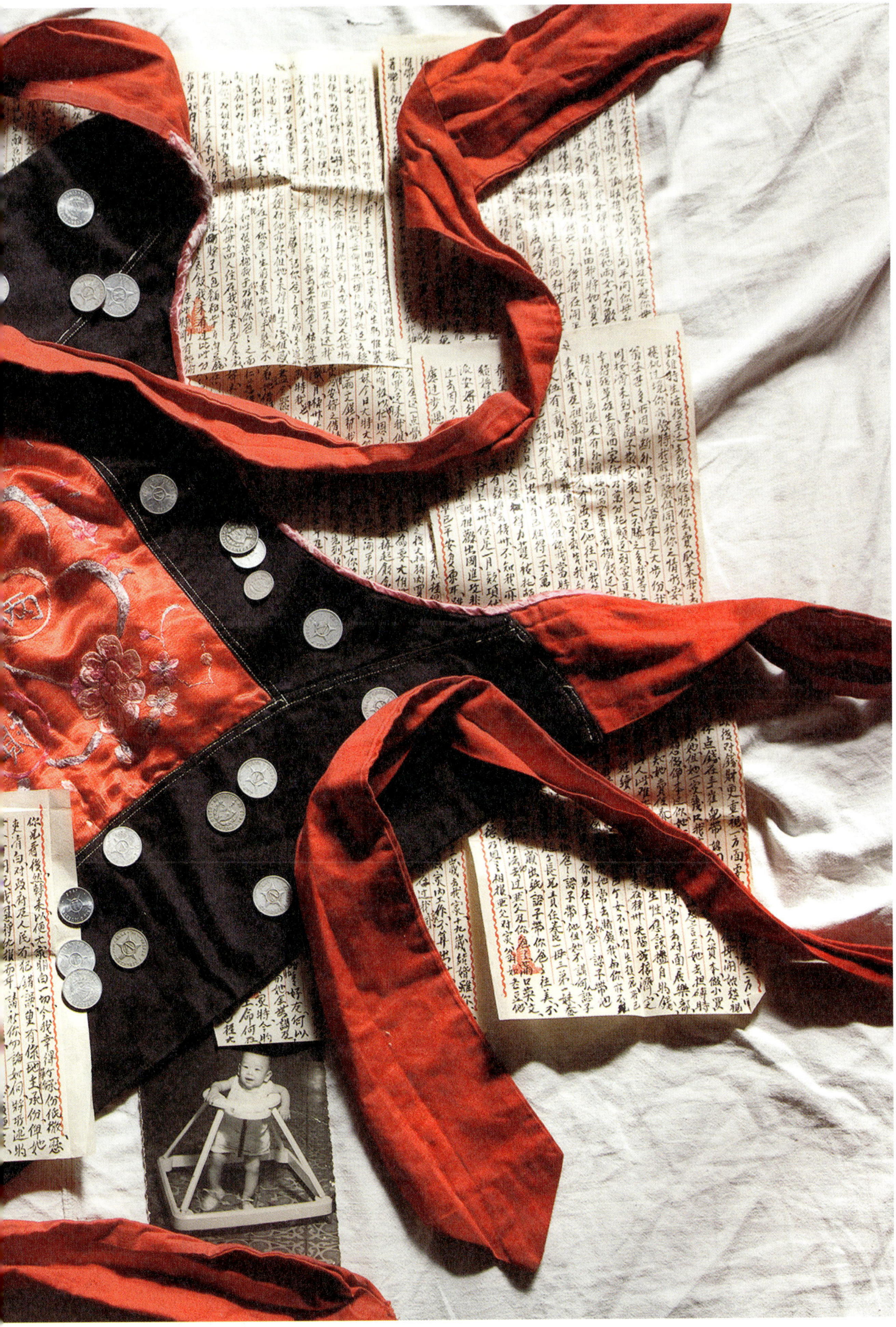

因为要寻找黄宝世先生的坟, 我来到大萨瓜, 敲开了黄威雄家的门。黄威雄很
够义气, 二话不说陪我去中华会馆墓地, 还招呼我入住他家。后面三次来这个小
镇, 他都很照顾我, 陪我出出入入, 到坟场寻骨, 并探访其他两户华裔家庭。

我第一次见黄威雄的时候, 他已经三十多年没机会讲九江话了, 所以说得有
点生疏, 但是不难听懂。黄威雄父亲的中文名叫黄炽伦 (秉彝), 广东南海县
人。在大萨瓜, 上一代的唐人大都是朋友, 他父亲和黄宝世先生也是, 他们同
是黄江夏堂会员。黄威雄的母亲关碧英 (Ana Quan) 1959年曾带着两个儿子
回广州 (黄威雄是其中一个), 和黄卓才见过面, 所以后来黄威雄知道黄宝世
先生在大萨瓜的地址和电话号码。

黄威雄是位心理学家。在古巴, 这个职业有18美元的月收入, 跟一般人并无
分别。1959年以前, 他家是小康之家, 有自己的楼房、车库, 有种着芒果树的
后院, 旧时家庭活动多是打猎、钓鱼。而现在古巴常年缺物资, 更别提唐人菜
的材料了, 所以黄威雄要自己晒咸鱼, 做豉油, 做云吞和面条。他家的条件相
对后来我访问的那些家庭, 已经算是不错了。

我第一次进他家门的时候, 还是早餐时间, 黄威雄为我端来咖啡和一碟饼干,
就转身走开了。我自然得像住民宿那样喝着咖啡, 等着早餐标配火腿番茄蛋三
明治和水果, 等了一会才猛然醒悟, 这里不是民宿! 这是要用粮票才能换配给
食物的国家, 他没有美元储备来大肆招呼我这个不速之客。

那天, 黄威雄的女儿黄月眉 (Yumail) 听说有访客, 便过来探望, 她看了看我,

黄威雄在家做面条和云吞

黄威雄招待我的早餐

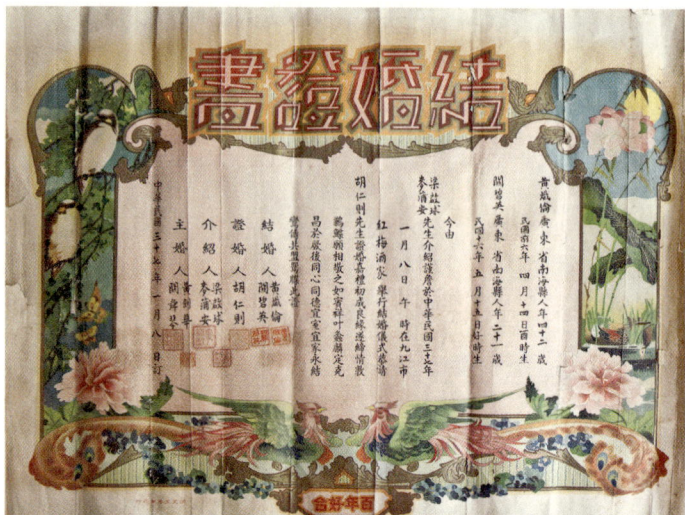

黄炽伦和关碧英的结婚证

黄威雄的父亲黄炽伦和母亲关碧英

听见我讲广东话，立刻往里面走去。我意识到这个举止有点失常，就静静跟过去，发现她躲进厕所，哭了起来，我偷偷拍下了她的背影。待到情绪平复后，她说："阿嫲[1]去世后再未听过广东话，这里又没有中国人，时常思念，常感失落。"关于这一点，我自己住美国中部小镇，真是感同身受！

黄月眉带我到她的阿嫲——关碧英的房间，无意识地翻着她的遗物，在衣柜底找出阿嫲学习西班牙语的旧书以及两页不平凡的笔记、广州寄来的14页半家书、一方乡下常见的婴儿背带。在另一个大衣柜底，月眉取出一个白色发黄的绣花枕套，上面绣着花鸟图案和"鸟语"两字，一打开，又哭了起来，那是思念的泪水。她拉着我，给我看阿嫲其他的遗物——娇小玲珑的珠子、小孩掉落的乳牙、万金油、襟章、老花眼镜、铅笔头、旧怀表、头发……那是一代人数十年两地的家庭物语。黄威雄还拿出一些民国时期的旧书给我看，是他爸爸1940年左右从中国带到古巴的，有一本叫《推背图》，还有尺牍、天文地理、妇孺须知等等，可想而知老侨黄先生多希望子女能有点中国文化。

孙儿们爱听阿嫲讲故事，尤其是关公的故事，她也会讲一些家乡的事情。黄威雄的儿子是读医学院的，在采访中他告诉我幼时梦见过关公，具体几岁记不清了。当时年龄小，玩打火机伤到眼睛，住进了医院，晚上梦见一个"矮肥佬"，但醒来记忆已经模糊。第二天，他将这个梦告诉阿嫲，阿嫲问他那个"矮肥佬"有没有胡须，他说有。于是阿嫲认定是关公下凡显灵，让孙子从厄运中大

---

[1] 广东口语对奶奶的称呼。

Abecedario Español.
呂宋字母表

大楷	小楷	呂音	譯音	音辨	別名	釋義
A*	a	a	亞	唇 (labial)	be alta	在,按,以,與,至也「加ノ」
B	b	be	卑些	唇 (labial)		羅馬百字
C	c	ce	些	牙 (dental)		
CH	ch	che	奢多	牙 (dental)		
D	d	de	爹	「詳見下」		
E*	e	e	哎	「詳見下」		及也「加ノ」
F	f	efe	哎肥	唇 (labial)		
G	g	ge	希	喉 (gutural)		
H	h	hache	亞治	「詳見下」		
I*	i	i	依	「詳見下」	i latina	羅馬一字
J	j	jota	渦打	喉 (gutural)		
K	k	ka	卡	喉 (gutural)		羅馬作五十
L	l	ele	哎利	舌 (lingual)		
LL	ll	elle	哎泄	舌 (lingual)		羅馬千字
M	m	eme	奄未	唇 (labial)		某某也
N	n	ene	烟尼	鼻 (nasal)		
Ñ	ñ	eñe	烟泄	鼻 (nasal)		
O*	o	o	柯	「詳見下」		嘆辭又或也「加ノ」
P	p	pe	拔	唇 (labial)		
Q	q	cu	孤	喉 (gutural)		
R	r	ere	哎兒利	齶(paladial)		
RR	rr	erre	哎兒兒利	齶(paladial)	letra canina	
S	s	ese	哎射	牙 (dental)		
T	t	te	帝	牙 (dental)		
U*	u	u	烏	「詳見下」		或也「加ノ」

关碧英学西班牙语的笔记

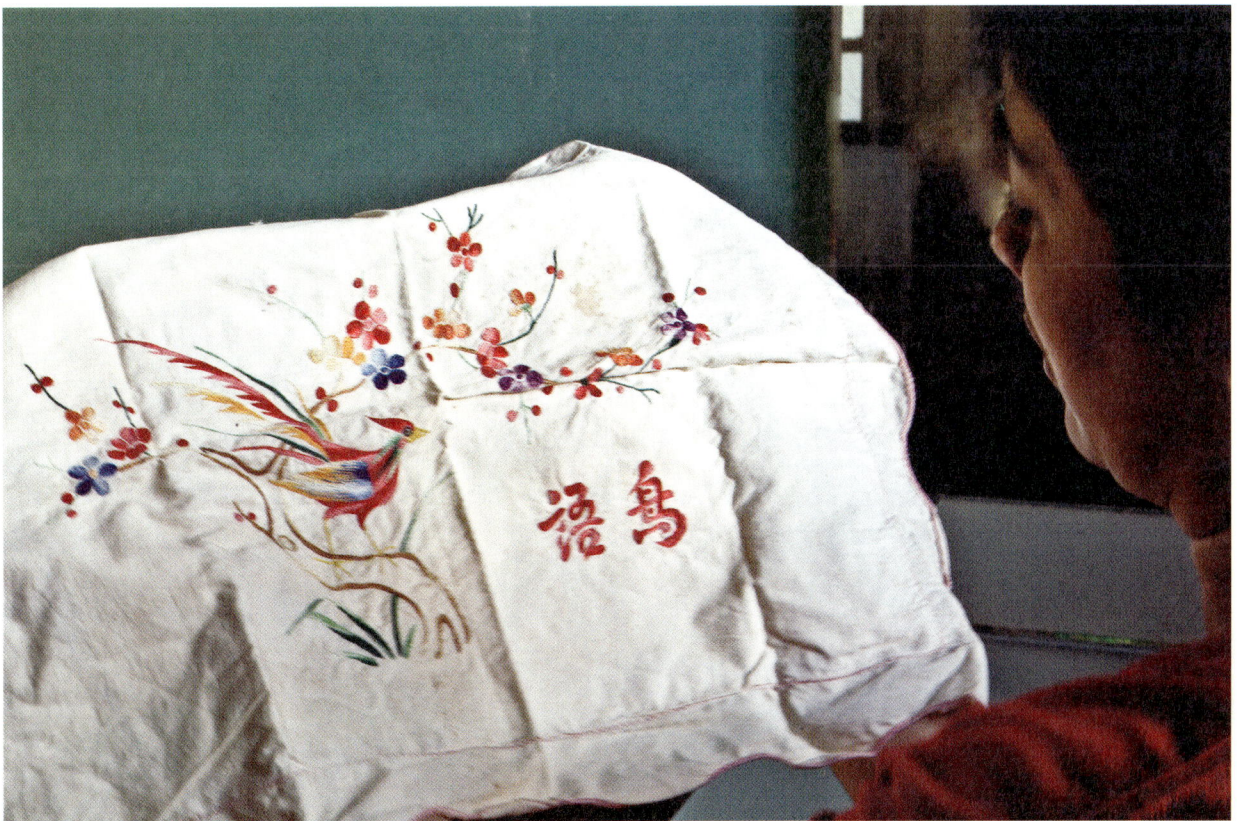

绣花枕套

黄炽伦和关碧英遗物

黄炽伦和关碧英遗物

黄炽伦和关碧英遗物

黄江夏堂证册

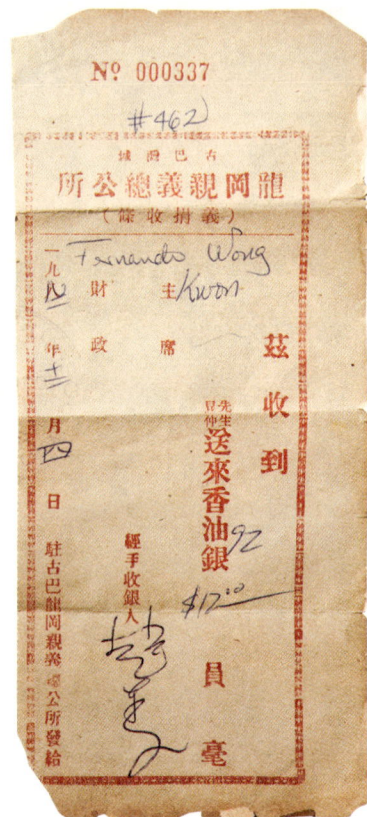
1982年龙冈公所义捐收条

有关公和圣芭芭拉女神的神台

步跨过。果然，住院数日后他就平安回家，没有留下后遗症。从此，他开始拜关公，求保佑，这使他更有安全感，每次考试都保佑他顺利通过。当我问他知道关公的什么事迹时，他说："关公是战争的象征，他们三兄弟都是战士，他会保护其他兄弟。"这些事，都是阿嫲和爸爸告诉他的。说到这里，黄威雄插了一句："关公是所有人的保护神，也是我们全家的保护神，尤其是我儿子的。"

黄威雄带我去拍睡房中的关公，我问他知道关公的其他特征吗，他突然咧嘴笑了："关公是个淘气的人，又爱喝酒又爱女人。"我们都忍不住笑了。他还说中华会馆的唐人都很相信关公，会馆过去有一尊很大的关公像。

我在他家到处观察，看见柜子顶上除了关公还有圣芭芭拉像。我问他这女神和关公有什么关系。他说古巴人认为关公和圣芭芭拉很登对，经常将他们放在一起，他们都是保护他人的勇敢的神。圣芭芭拉是非洲裔古巴人敬奉的女神，华人为了尊重当地的神，将两位神放在一起参拜，一般关公放在前面，圣芭芭拉放在后面，但中华会馆只有关公像。我又问："为什么你要把他们放在一起？"他笑着指了指柜顶旁边墙壁上的两把剑，说圣芭芭拉过去放在两剑中间，但老是掉下来，所以将她与关公一起放在衣柜顶。他还说，圣芭芭拉和关公一样，手上都有武器。他母亲来古巴时带了三尊关公像，他和弟弟一人一个，还有一个给了他儿子。2019年我在整理这些故事的时候，黄威雄的儿子和女友Amanda已在赴美求学的路上，仍然带着他们的庇护神Sanfangong（圣关公）。

与黄威雄对话，得知他母亲是1948年到哈瓦那的，而后一直住在大萨瓜，爸爸是做生意的。他的母亲是当地最后一位老华侨，她仅剩几位朋友在哈瓦那，其他的走的走，死的死。那些没有亲人的，死后骨头就被随意弃置在坟场，没有名字，没有墓碑。世界各地的唐人街，无论大小，讲台山话、广东话，我都觉得自在。但是当我来到这里，以前几千个唐人的大萨瓜市，现在全部人间蒸发，可以想象黄威雄一家是何等失落！或许再过个十年八载，哈瓦那也会是同一命运。

在这里，我所追寻的古巴唐人，要么在老旧的招牌中，在破落的建筑里；要么在坟墓中，在骨盒里；要么在遗物中，在史书里；要么在眼泪中，在思念里。直到这一天，我似乎还是只窥探到他们的踪影。鲜活的华侨们，究竟在古巴的哪里？还是像黄威雄一家这样，寻得了古巴唐人的后裔，其实就已经走入了他们的生活里？ ●

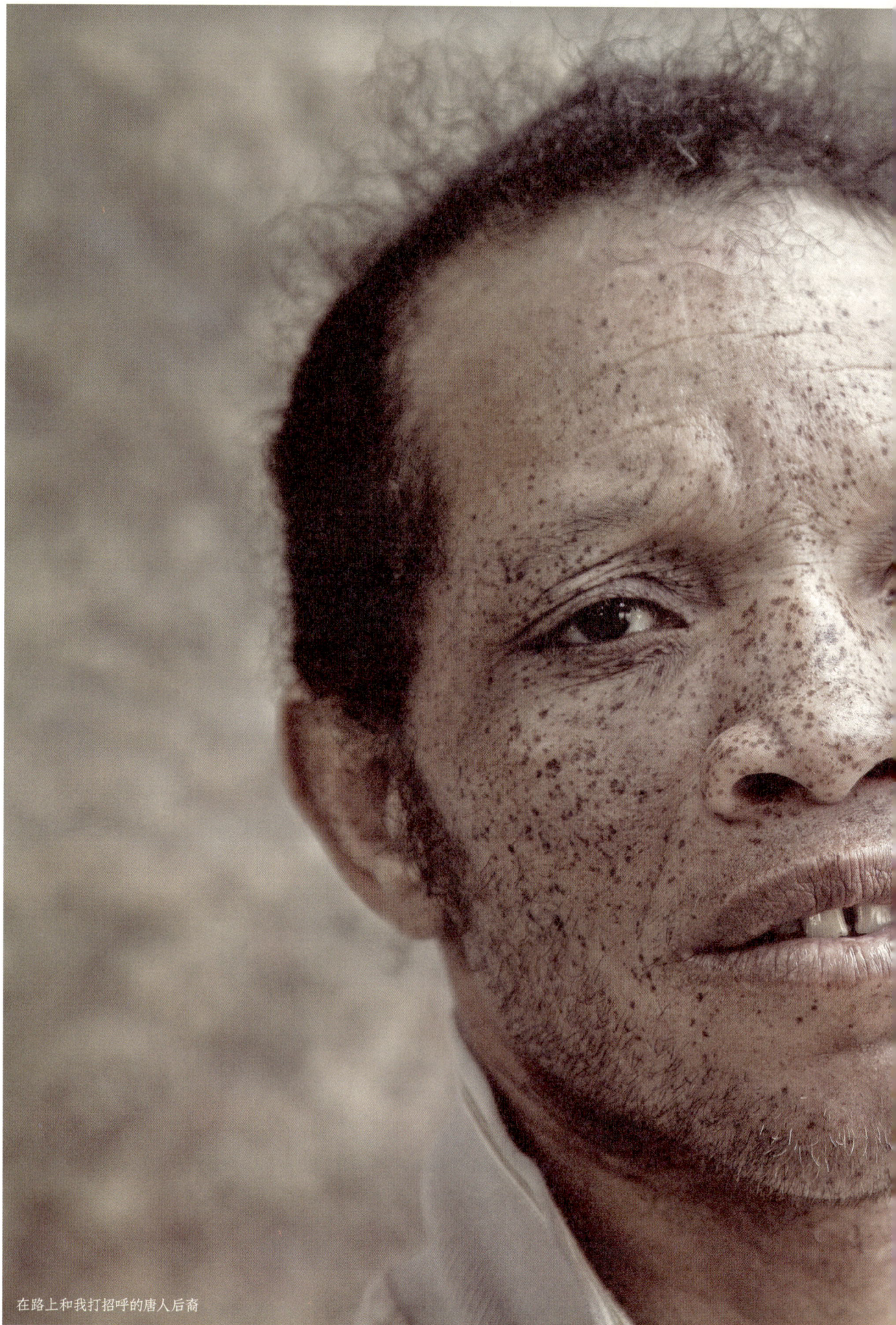

在路上和我打招呼的唐人后裔

从大萨瓜回到哈瓦那的两三天里，我继续在街上游荡，寻找自己认知中的古巴唐人。

有天突然有人从后面拍了拍我肩膀，我转过身，看见一张长满雀斑的脸，不像黑人那么黑，我确认我没有见过这个人。他和我说了一串我根本听不懂的话，我虽已表示不懂，可他还是友好地像我之前所见的古巴人那样热情洋溢地说着，后来我从他一遍又一遍重复的话语中，听出了重要的一句，音近英文的"My papa Wuan……"

我大概理解这位看着一点中国人特征都没有的陌生小伙子和我说的是什么意思了，他应该也是中国人的混血孩子。那年到古巴旅游的中国人还很少，我的中国脸孔或许有一种温情，所以才让他情不自禁地上前自我介绍"我的温（广东口音）爸爸"……

我拍了他的人像，又继续在烈日下四处乱钻，寻找拍摄目标。在唐人街远远看见一个老唐人走进一个门里，于是我快步跟上。门口有个没穿制服的鬼佬保安，眼光上下打量了我一下，觉得不像来捣乱的，便让我进去了。

原来，我是进了哈瓦那的龙冈公所！我爸在六七十年代是香港龙冈公所的会员，所以我进这里也不用心虚。进去后我发现里面挤了约三十多个老人——有些能看出唐人模样，有些人拿着袋子排队，有些已经坐下。老人们把食物放在塑料盒里，我注意到那食物一点不像唐餐，转身便问：

哈瓦那唐人街免费午餐领取点——龙冈公所

赵仲鹏

赵仲鹏家的关公画像

"点解（为什么）冇（没有）唐人菜嘅？"

"唐人菜？连唐人都冇呀！唐人菜啵！"一句地道的广州话大声回答道。

是啊！这句话，不正符合了我到古巴这么多天的所见多闻吗？

龙冈公所是刘、关、张、赵四姓的宗亲会，是华人的一个世界性宗亲组织，每个有华人在的国家都设有。后来混熟了才知道，现在哈瓦那的龙冈公所是华人华裔吃免费午餐的地方。一位来自香港的唐人赵义先生在那里做慈善，赈济老的、穷的、饭不够吃的华人华裔。我采访的好多位老人家，都在这里排队领免费午餐。

那天，我注意到龙冈公所有一个老人，说话不多，喜欢抽烟，对我非常客气，他家离龙冈公所大约一个街口，我便跟他一起去了他家。他的名字叫赵仲鹏（Leandro Chiu），是龙冈公所副主席，他不是洪门会员，是世界共济会（Freemasons）的成员。他习惯每天早上八点到龙冈公所，坐在靠后的位置，看人来人往。

他父亲籍贯是广东新会三江，1920年来到哈瓦那开杂货铺。他爸很喜欢跟他讲关公的故事，他也喜欢听，兄弟姐妹都会团坐着听爸爸讲关公。他给我展示了家中收藏的关公画像，是他爸爸结婚时找人制作的。他爸爸20多岁与他妈妈结婚，当他说起父母是因为相互喜欢而结婚时，我们都笑了起来。他爸爸是华人，外公也是华人，所以他妈妈也能听懂唐话，家中都说唐话。

他爸爸说，在家一定要说唐话，因为西班牙语他以后自己在外自然就能学会。他现在说的唐话大多都是在华区与朋友交流时会用到，仍然没有遗忘。

也许我所寻找的古巴唐人，就在这方言里吧！就像我和我的混血儿子，也常用广东话交流。他能用广东话和我聊天，这让我自豪，还有了一点中国文化的优越感。

但转念又想，难道所谓唐人，就只是在血缘里吗？

这时候，何秋兰一副完全白人长相的面孔浮现在我眼前。我一定要去采访她，挖掘她的家庭故事。●

1947年何秋兰粤剧扮相

在何秋兰这个"番鬼婆"面前，我完全失去了中国文化的优越感！

她认识的汉字怕是比我还多！起码报馆里那些反转的繁体字粒，我很难辨识出来，她却在排字间手法娴熟。

她会唱的粤曲肯定也比我多，我现在洗澡的时候，脑袋里还一直余音绕梁似的不停回响着："怨恨母后，几番宝奏不能为我担忧，真抱憾，要令妹你，不许我订白头。怨恨母后，忍心将你摧残命已归幽，心真毒，要令妹你，饮啊恨啊悠悠。"

她爱吃豆豉排骨炒苦瓜，要喝北芪防党煲鸡汤。

她一张完全白人血统的脸，一腔十足台山白话的乡音。

何秋兰的爸爸方标

方标，证件上的全名是方锡标，1904年出生于广东开平的一个富裕华侨家庭。从小迷恋粤剧，学艺时和武打艺人关德兴（1905—1996）是同辈——对，就是香港打星、黄飞鸿的扮演者之一关德兴。然而，方家反对少爷学粤剧。那年代，戏子是不受尊重的行当，少爷做戏子，简直有辱家门。方标19岁时已经结婚并生有一子，因为执着于他的艺术家梦想，抱着粤剧曲本负气流浪。是什么样的机缘让他去了古巴，不得而知。

中国人移民古巴的四个主要时期，其中第二波与第一波有重合，发生在1860—1875年期间，主要是美国西部排华事件频发，以及"排华法案"推行，致使许多加利福尼亚州的华人二次移民，大约有5000人辗转到了古巴。这些华人是带着资产的自由移民，他们的到来，促进了古巴唐人街的繁荣和发展。他们开商店、开进出口公司、组建商业社团，加速了古巴早期华侨华人社会的形成。1873年，古巴开设了第一家中国戏院，由四位来自加州的唐人投建落成。1875年1月，第一批中国粤剧演员从旧金山来到哈瓦那，粤剧表演从此进入古巴。古巴唐人多数来自广东，粤剧在古巴大受欢迎。

第三波移民潮是发生在第一次世界大战前后。20世纪初，特别是第一次世界大战期间，拉美的工矿原料和农产品供给交战双方，古巴蔗糖价格飞涨，为扩大生产，古巴政府放宽华人入境政策，迎来一个经济大发展时期，也是华人到古巴的另一个高潮。参考不同学者的研究，到二战爆发前，登上古巴岛的中国人，最多竟达到30万人（次）[1]。根据何秋兰的讲述，方标收留她们母女那一年他才刚到古巴不久。由此推算，方标应该是在第二波浪潮的尾声到的古巴。这时的古巴华人社会已经形成，早期的契约华工逐渐获得自由之身，转入社会服务型的小商业，比如杂货店、洗衣房、水果店、餐厅等。20世纪30年代，哈瓦那华区内主要有三家戏院——新大陆、金鹰和新民戏院，新大陆戏院和金鹰戏院都有1500个座位，新民戏院有1200个。方标这个时候来古巴，是命运的捉弄，还是为追求理想，已无法得知。只是方标的执念和哈瓦那曾经被视作"小巴黎"的肥沃土壤，培养了粤剧的新苗子，开出了古巴粤剧花旦何秋兰，这是不争的事实。

当然，方标来到古巴后，更多的是要单枪匹马去面对命运的巨大玩笑。他不再是有钱的方家少爷，而是陷入了以洗熨衣服、洗碗盘、卖彩票为生的窘迫之中。一直到何秋兰的出现，粤剧艺术才又重新在他的人生里闪耀光彩。他出于善念，收留了何秋兰的母亲何树花（Josefa），后又娶何树花为妻，收何秋兰为

---

[1] 原文为"30万人"，引自 Duvon Clough Corbitt, *A Study of the Chinese In Cuba: 1847—1947*, Wilmore: Asbury College, 1971, p. I., 学界认为"30万人"可能包含了华人在此期间出入古巴的流动的人数。

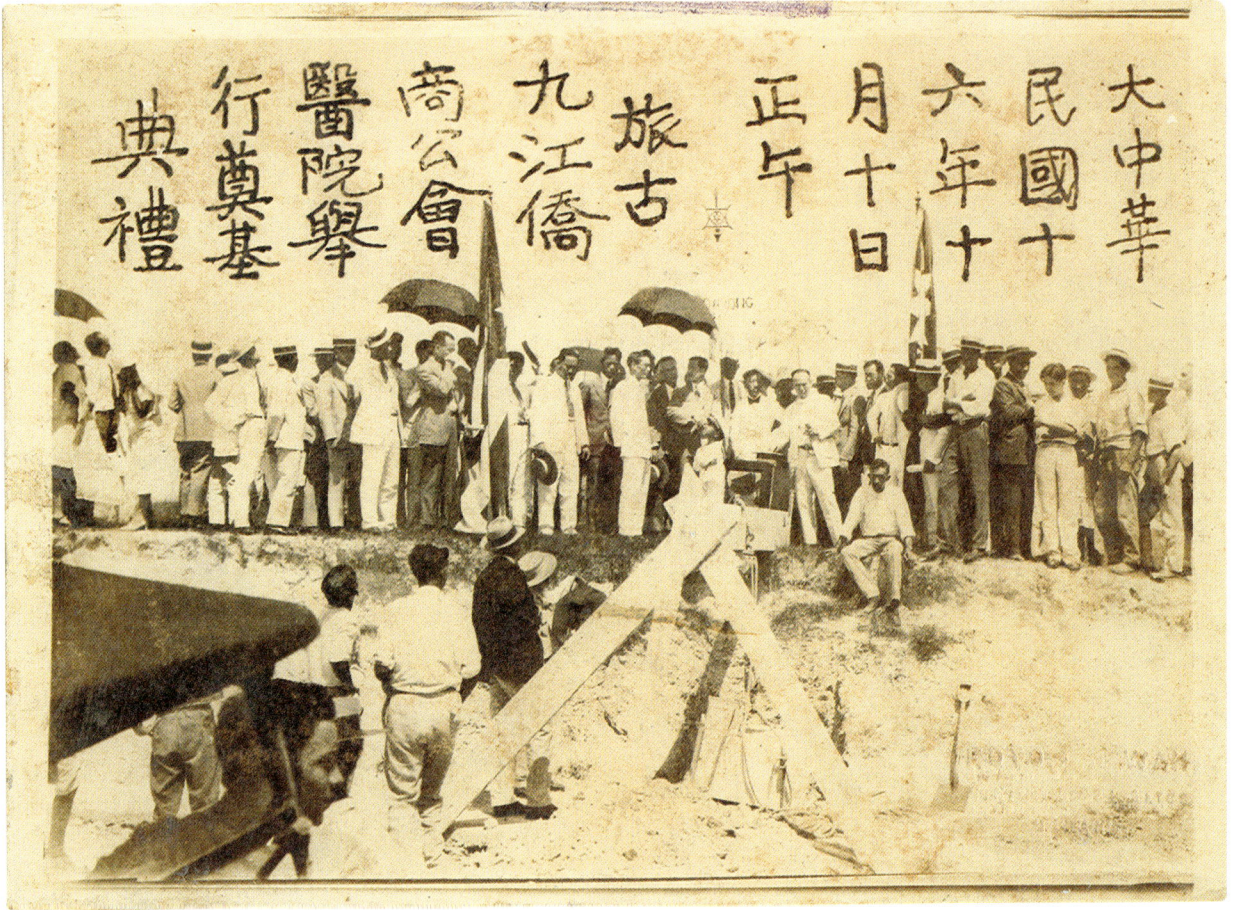

大中華民國十六年十月十日正午旅古九江僑商公會醫院舉行奠基典禮

1927年10月10日，旅古九江商会医院举行奠基典礼，古巴早期华人社会的发展可窥一斑

方标旧时洗衣工厂的水槽

青年方标

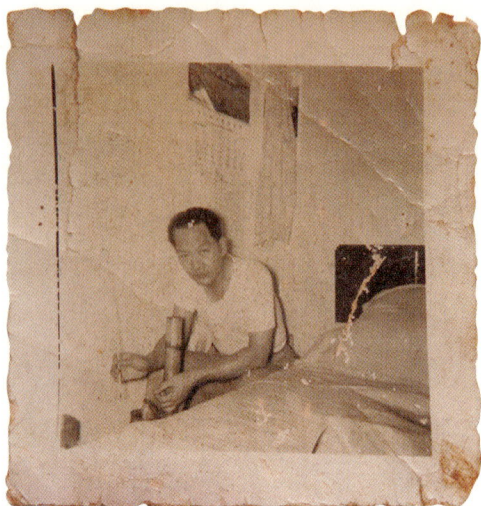
方标在只有一个房间的家中

方标与何树花的结婚照

何树花、何秋兰、方标全家福

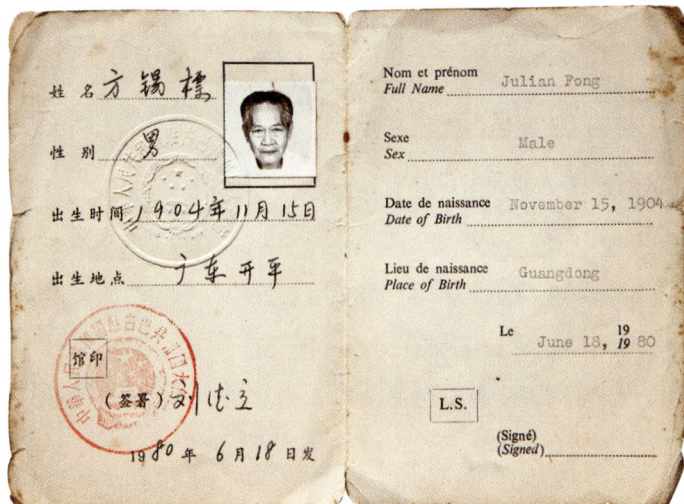

1980年方标中国国籍证明

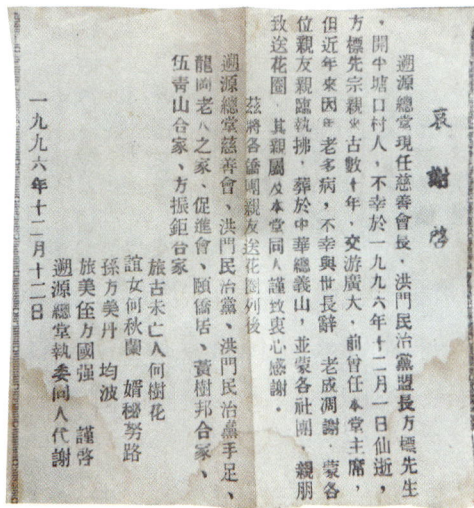

方标去世时的哀谢启

养女，视如己出，从小教她台山话。后来方标组织了国光粤剧团[1]，请了师傅董祥。董祥是很有文化的先生，教何秋兰读书写字、认识工尺谱[2]、唱戏。方标自己也会去国光剧团做一些粤剧演出方面的指导。他将自己一生的愿望与理想，倾注于何秋兰身上。也许这样，他自己继续以洗熨衣服、洗碗盘、卖彩票营生的日子，才有了意义。直到晚年，方标都还常和何秋兰一起唱唱粤剧。

方标1996年去世，享年92岁，一生没有入古巴籍，却一次也没能回乡。

---

[1] 笔者按：查无资料佐证，仅作口述资料记录。根据袁艳《古巴中国戏院的历史变迁——从表演木偶戏、粤剧到放映电影》著述："19世纪末，古巴华人戏院因古巴华人减少而衰落，二次大战爆发前后，古巴粤剧表演一度因演员流失而遇到危机。出于对战争的担忧，签约到古巴演出的剧团、戏班和演员回到中国或美国等地，并带走了一些古巴本土演员。但在中华音乐研究社粤剧师傅的努力下，古巴的粤剧艺术再度兴起，并培养出一批土生华裔粤剧演员，其中就有何秋兰、黄美玉等人。中华音乐研究社的师傅们创办了一家新粤剧演公司，名为中华剧团（Opera Chung Wah）。因内部分歧，一些师傅自立门户，另成立了钧天乐剧团、国声剧团、国光歌剧团。新的粤剧剧团的成立与后继人才的培养，使得粤剧在20世纪40年代的古巴十分兴盛。1942年6月6日《华文商报》的一版广告反映了当时的盛况。当日，在同一版面的广告位置有钧天乐剧团、国声剧团、国光歌剧团表演粤剧的广告。"另据吴帝胄《华人在古巴——1847至今》一书，"Fong Pio worked for Kuoc Kong"，即方标只是在国光剧团工作。

[2] 工尺谱是中国汉族传统记谱法之一。因用工、尺等字记写唱名而得名，源自中国唐朝时期，后传至日本、越南、朝鲜半岛、琉球等使用汉字的地区，属于文字谱的一种，在古代流传甚广，但今天只有传统戏曲的伶人和学习者还会使用工尺谱来演唱或记谱。工尺谱在传统写法上由右而左直行，如同文字，现在亦可作横排书写。

何秋兰

何秋兰的古巴名字是Caridad Amarán，1931年9月12日出生于古巴比那尔德里奥省（Pinar del Rio）。一个月大的时候，白人生父去世，生母Josefa Amarán原本就是孤儿，全无依靠，带着女儿，投靠外祖母的一位姐妹，两年后离开，流浪到首都哈瓦那唐人街附近，放一张床单在地上乞食。一位唐人厨师何买盛（Rafael Jo）见母女俩可怜，就"捡"她们回家收养，给Josefa取名何树花，给小女孩取名何秋菊。后来，因何买盛患了肺痨，何树花担心会传染，便带着女儿再度露宿街头。

命运的相遇就这样出现了。有一天，方标路过，见这母女在街角流浪，便问为什么，何树花说她们没地方可住，方标便把她们"捡"回家收养。方标带他们到他哈瓦那老城家中，那条街道名叫耶稣玛利亚（Jesus Maria）。那时候他经济条件并不好，刚从中国来古巴不久，在一间洗衣馆工作，家中只有一间房。几十年后，何秋兰路过时还能认出那个她被方标捡到的地方，现在旁边是一个银行。后来何树花嫁给了方标，何秋菊改名何秋兰，据说方标认为秋菊"意头"不好[1]。

虽毫无血缘关系，但何秋兰成了方标一生中唯一的女儿。何秋兰"从小就要说台山话，如果不说就没饭吃"。方标抽竹水烟筒，何秋兰就给他拿烟纸和水，在旁边学汉字、学唱戏。方标做完一天洗衣的工作，回家看武侠小说，秋兰会为他捶背捶腿。撇开人种和血缘，他们相互依靠的日子亲昵如同亲生。

何秋兰对粤剧有兴趣，方标便全心全意培养她。何秋兰8岁登台，从丫鬟等配角做起，十几岁当正印花旦。古巴经济鼎盛时期，大约在20世纪20年代到40年代，同时拥有四个粤剧团：国光（Kuoc Kong）、国声（Koo Sen）、均天乐（Cun Jino Loc）和中华音乐研究社。何秋兰从小在国光剧团学习，后来还加入了中华音乐研究社。剧团里除了演员，还有教习、武打、乐工、戏服等专门行当。剧团在古巴的二三线城镇巡回演出，都是有唐人的地方。年轻时她随剧团坐火车走穴演出去过许多地方："我们到古巴各地演出，包括圣地亚哥德古巴（Santiago de Cuba）、谢戈德阿维拉（Ciego de Avila）、关塔那摩

---

[1] 编者按：这点在雷竞璇先生翻译的何秋兰口述资料中没有提及，但刘博智清晰记得何秋兰和他讲过，是为记。

土生华裔女生"胡椒仔"组成的剧团, 后排带眼镜的男士是董祥师傅

古巴粤剧团宴会, 何秋兰在中间位置, 穿黑色旗袍

何秋兰幼年剧照

何秋兰与来自香港剧团同台表演

国光剧团马队游街广告

何秋兰花旦剧照

（Guantanamo）、圣克拉拉（Santa Clara）、卡马圭（Camaguey）、西恩富戈斯（Cienfuegos）、马坦萨斯（Matanzas）等，每次一去就是三四个月，母亲都会陪我一起去，我们沿途会收到礼物和演出报酬，每演出一台戏，戏班按照合同付我二到五比索不等。"何秋兰是唯一能在唐人社区如鱼得水的白人，大家都拿她当自己人。何秋兰的母亲随同这一班调皮的、叽叽喳喳四处窜的"胡椒仔"出行，主要是看紧她们，以免被坏人拐走！

我发现何秋兰所有的剧照中，都没有年轻的男性粤剧演员。那个时期古巴本土戏班招收本土华裔，所有的粤剧团都只有十二三岁土生女孩加入，没有土生男孩学粤剧，演出时的男性角色一般都是教粤剧的男师傅，包括方标，也都亲自上阵。何秋兰从小有一位朋友黄美玉（Georgina Wong），两人小时候在国光剧团一起学艺。一班十几个土生混血鬼妹仔，汉字只识得两三个——可能也就是自己的中国名，师傅们称她们为"胡椒仔"。黄美玉做"男喉"，何秋兰是正印花旦。有时候做宣传，一队人骑着高头大马，身披戏装，由古巴壮汉穿着国光剧团制服领马队游街造势，耍些杂耍功夫，看上去有模有样，也算勇气可嘉。

40年代，不只本土戏班，来自香港、广东、美国的剧团也会到古巴表演，何秋兰一直藏着那些刻录着美好时光的老照片。1940年代世界战乱，日本侵华，唐人不能回乡探亲，粤剧成了他们化解乡愁的灵药，大受欢迎，粤剧花旦一度吃穿住不愁。这样的粤剧职业走穴生涯持续了大约十多年。

1957年，何秋兰和方振钜结婚，方振钜也是广东开平人，据说方标起初有点不愿意，最后还是同意了。随着粤剧在古巴逐日衰落，剧团纷纷解散，最后一个解散的是国光剧团，维持到50年代后期。之后，何秋兰淡出舞台，从事其他行业谋生。

她做过餐馆的前台收银，老公方振钜在同一餐馆跑堂。1959年以后，何秋兰几乎没再登台演出过，连当年的戏服，也被古巴政府以嘉年华游行活动为由借用，再也没有归还。戏院收归国有，新大陆已荒废多年，金鹰戏院虽然还在，但已不具戏院功能，改装成画廊了。

何秋兰和方振钜生了一儿一女，儿子方均波（José Antonio Fong Amarán），离异，与前妻生有一子，名叫方英唱（Yamil Antonio Fong）；女儿方美丹（Deisy Hilda Fong Amarán）是一名护士。

淡出舞台后，在收银台工作的何秋兰

淡出舞台后，从事餐饮服务的何秋兰

何秋兰与方振钜结婚照

我在何秋兰家

何秋兰家住的楼房过去是洪门民治党的办公楼。楼下是洪门民治党的会堂和餐厅,楼上是民居。民治楼大门右侧,有一个大木门可上二楼,铁栏杆,木扶手,云石梯级,几乎都老旧崩裂。到顶级,向两个方向分梯。前梯是往三楼的洪门"秘密"会所及客房,二楼的回形走廊,中间是个大天井,能看到第三层。全部墙壁刷的是苹果绿,二楼两旁共六户人家。三楼的后梯非常窄,要转弯,没有灯,何秋兰每天上下楼梯起码四次。三楼有四户,她住右边第一户。

她领我上楼的时候,有两条不大的哈巴狗汪汪大叫,她说治安不好,邻居要养狗。

她家屋子不大,大概15平方,房里搭建一个阁楼,上面是两个睡房,下面是厅和厕所。坐厕没有坐板,水槽亦没水,冲厕所的水是靠洗手盆下的管道滴水慢慢蓄来的,也没有厕纸,只有预先剪好的报纸。上阁楼的梯级就在厕所对面,阁楼黑暗闷热,梯板发出吱吱声,有一种说不出的霉味。秋兰和皮肤黑黑的孙子方英唱住在有小管灯的大房间,另一个没有门的通道房内有一张客床。家门外有个厨房,秋兰和儿子方均波两家共用。

方钧波就住在走廊对面,前妻与他离婚后,带走了政府养儿童的粮票,留下了儿子,何秋兰就负担起养孙儿的责任。家里最值钱的是一台一米多高的海尔牌冰箱,分期付款买的,月供相当于普通古巴人一个半月的工资,要八九年才供完。这可能是何秋兰要到《光华报》报馆赚外快清洗铅字粒的原因之一。2009年何秋兰已经退休多年,有退休金8CUC,中国称为红比索,1CUC(红比索)等于24CUP(比索)。每天下午1点到4点,她到报馆去洗刷和整理铅字,报馆付她10CUC。两份收入加起来每天18CUC,相当于普通古巴人的一月工资。老太太在古巴老人群中算是"高收入者",家里有冰箱和电话,这在古巴算是奢侈品。因为儿子孙子都得帮,所以老太太还是穷,常常要计算着柴米油盐。龙冈公所有免费午餐古巴黑豆饭,她每天上午11点都会去那排队,拿回来给孙子当午餐。4月第一次见她的时候,她家中没有电话,7月重访时才有,与邻居分线共享。

我第二次到古巴之前,托朋友在广州买了冬菇、话梅、陈皮梅、雪花梅、腊肠带到古巴。他们见到这小礼物,高兴得不得了,仿佛久别重逢的老友。何秋兰狂吃话梅,话梅核都还含在嘴里,就又吃下一颗,真是无别于地道唐人,口舌

如今破旧的金鹰戏院内部

拆迁中的新大陆戏院全景

如今的金鹰戏院门口

拆迁中的新大陆戏院局部

古巴洪门民治党办公楼内是何秋兰公寓所在

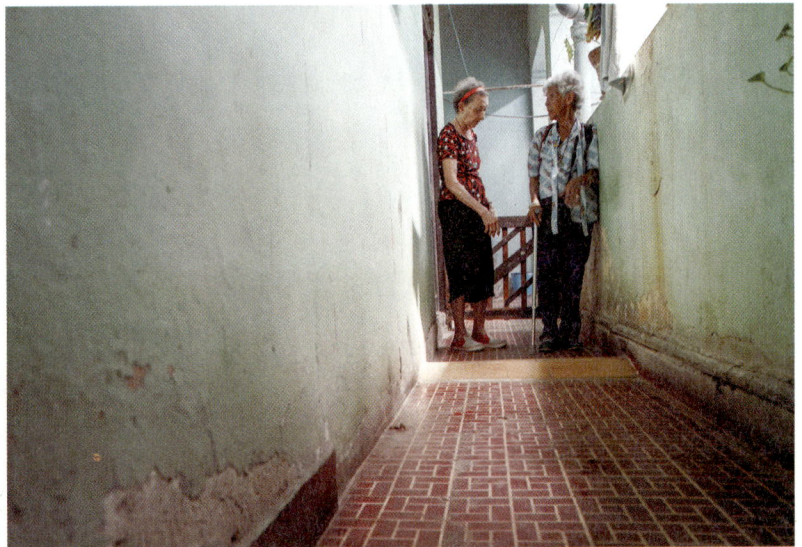

黄美玉在何秋兰家门口走廊上

被盐渍得发白。更让我诧异的是，她连话梅核都留下来，带回家，习惯性地从厨房拿起砖头，娴熟地砸开，吃里边的白仁。

这一次，何秋兰为我省钱，让我住她家阁楼客床。

湿热的七月天，为求第一手资料，我答应了她的邀请。我买了两卷厕纸，又松又粗，放在没有坐板的座厕旁，顿时有点韧力无边、战无不胜的感觉。老实说，这次"沉浸式"的生活体验，这样一位卷发、大眼、钩鼻的白人老太太，让我完全失去文化优越感，甚至不断怀疑自己。

入住秋兰阁楼当天早上，她从保温瓶中倒出像潮州工夫茶般的一小杯咖啡，又黑又浓，配一个没有馅也没有黄油的小面包，原来这是她为我准备的早餐。我已经有了心理准备，在古巴，对食物不可奢求，好的午饭和晚餐只能靠想象。吃完，秋兰拿出一沓发黄的旧纸，写满了字，像是小学生的字体。

上面写着"王宝钏""火网焚宫十四年""西厢记""情僧"和什么"工工尺尺"，有些还夹着西文拼音读法……字我都认识，但不知何意。行文有很多是文绉绉的语句，我这老粗不懂领略。最后有篇《梅知府》，她随即哼唱着：
"（生唱）……碌眼吹须，碌眼吹须，你咀利过刀……"
"（旦唱）阿梅知府，你唔驶咁嗔怒，如果你认低威，你官运还可过，如果咁沙尘，就要你甩须，就甩须……你芝麻绿豆咁大粒梅知府，要你做只有爪蛉蟧，牙崩咬狗蚤……"

何秋兰的儿子方均波的家在何秋兰对面

何秋兰家墙面上挂着父母亲遗像，靠近地面处供的是方振钜遗像

何秋兰家中一角，左边是厕所入口，右边是上阁楼卧室的台阶

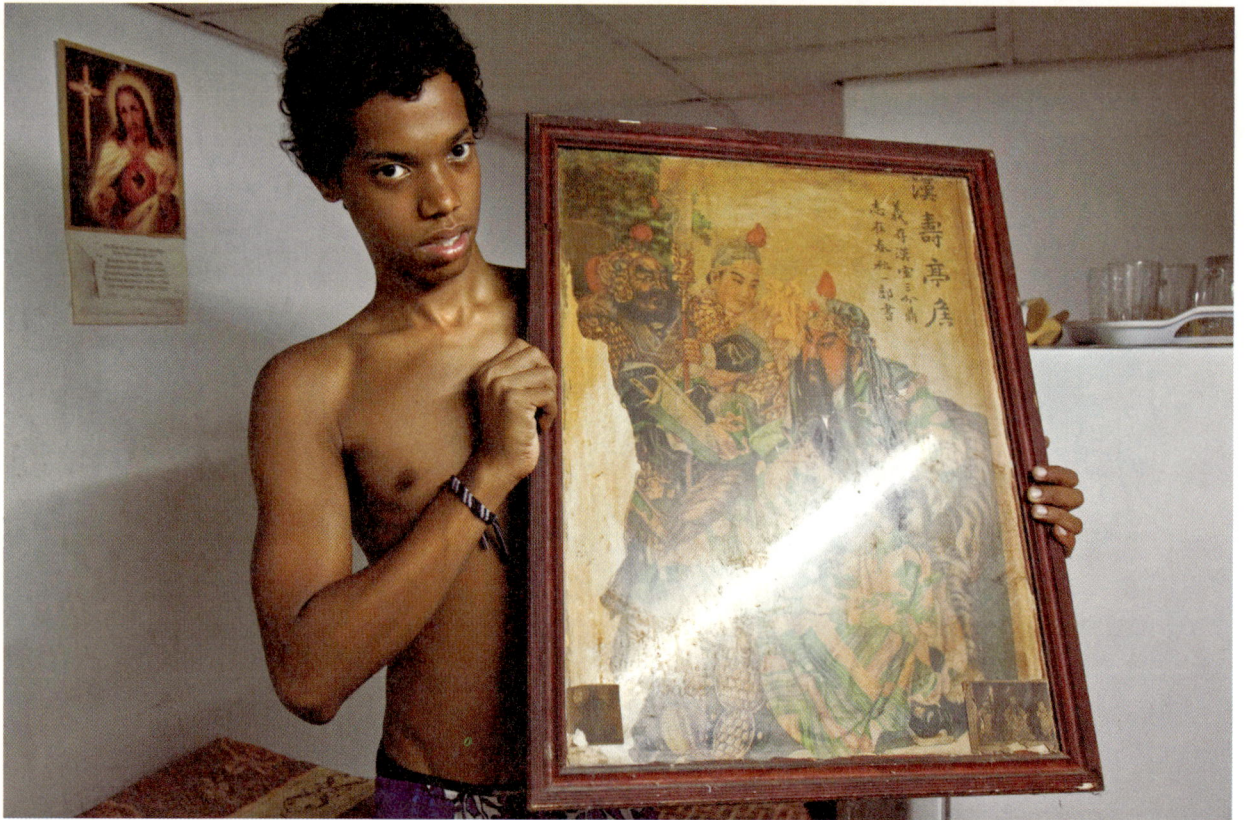

何秋兰的孙子方英唱拿着方标传下来的关公像

这是典型粤曲的风格，尽管我没听过，但一下子就被迷住了。歌词大意是："（生唱）（气得我）瞪眼睛吹胡子，你牙尖嘴利；（旦唱）梅知府你不需要这么生气，如果你放低姿态官运还可以，如果你一定要这么耍威风，那是要你掉胡子就掉胡子……你芝麻绿豆小的官，只要你肯做只没爪的螃蟹……"若是在香港庙街榕树头，我压根儿不会听上五秒钟，但这几句我从未听过的音符，竟能编织几百年，越洋过洲，使一个广东人如此迷恋！是不是我原本对广东文化有鄙薄之心，才更为之触动？

这些都是何秋兰手抄的粤曲。她一边翻着发黄的纸，一边和我说：三十多年了，没多少机会讲台山话，更很少有机会正式唱粤剧。她又找出好几本曲谱和剧本，其中有一本有215页，是她师傅董祥先生1930年代为古巴的四个粤剧团抄写的，毛笔行楷，一点差错都没有，凝结的心血可见一斑。何秋兰随意翻到哪页就唱哪段，完全沉浸其中，我在旁边能明显感受到她是真喜爱粤剧的。

既然我如此着迷，何秋兰便临时组了一个小戏班，请和她从小一起学粤剧的搭档黄美玉唱男喉，乐手罗美丽（Milagro Lao）拉小提琴伴奏，临时培训黄美玉12岁的孙女黄素英（Suying Wong）跑龙套，教自己16岁的孙子方英唱打镲，并向哈瓦那唐人街广州餐馆老板何先生借了他家的客厅，排练了一段《平贵别窑》。排练之前竟仍不忘传统，先拜华光祖师，只是何老板家没请华光大帝入堂，只有观音像，她们便同样尊而敬之地拜了拜观音。

黄美玉混血又混血的孙女黄素英，样貌几乎看不出任何唐人特征了，但龙套跑起来也像模像样。她演一个传令小卒，听着何秋兰孙子方英唱打镲的节拍走出来，拿着令旗喊："大令下！众官听令！"
黄美玉："何令？"
"元帅有令到来，限期五时三刻，挥马登程，违令者斩！"
黄美玉："执令！"

我终于明白何秋兰那一叠手稿中的西文是什么意思了！黄美玉和她孙女都不认识中文，在令旗背面，缝了一张写着西文注音的纸。她们小时候，其他"胡椒仔"不认识中文也是这么注土音学过来的。

等那两卷松且粗的厕纸快用光时，刚好是我要离开古巴的前一天。何秋兰将她师傅传下的手抄粤剧曲谱唱本交给我，像广东街头的女人一样叉着腰说："你下次来古巴，我或许就不在啦，我这两本书给你，唔（不）舍得都要舍得咯。"

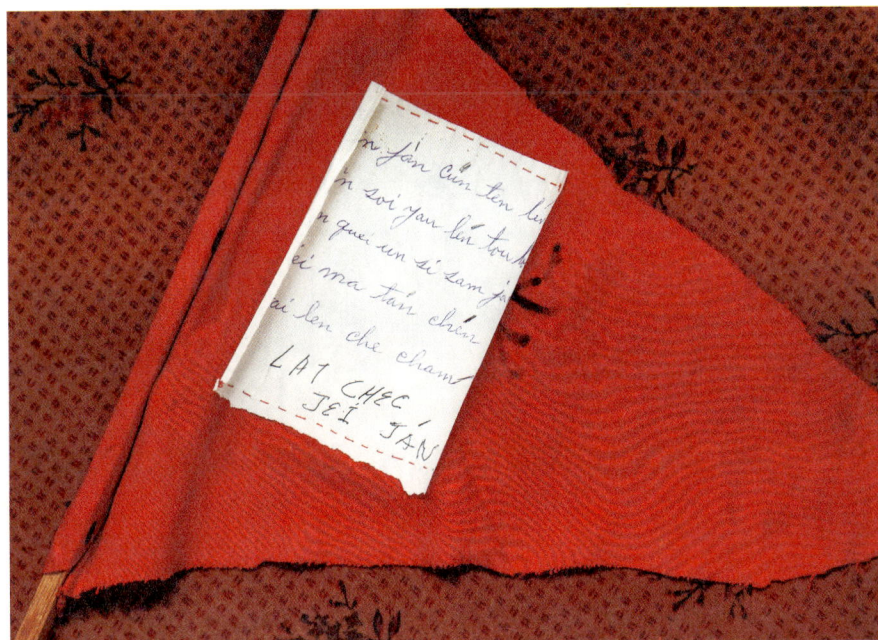

背面缝上西文注音的粤剧道具令旗

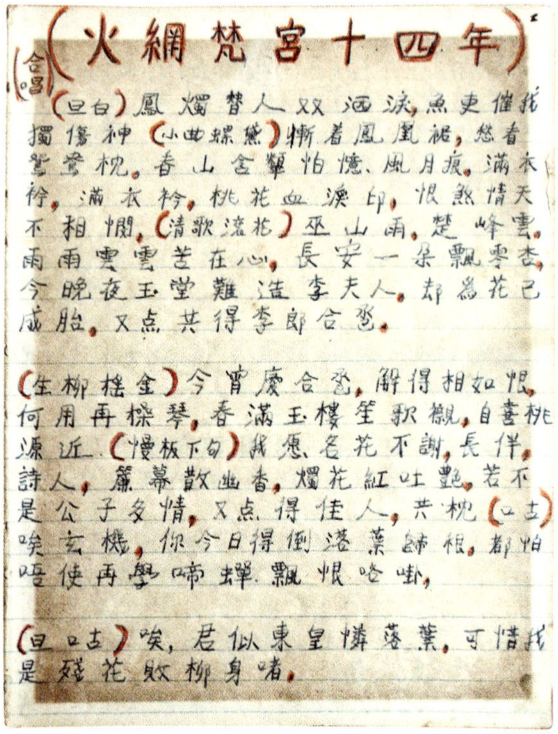
火網梵宮十四年
(合唱)
(旦白)鳳燭替人双洒淚，愁更催我獨傷神。(小曲蝶戀)嘶着鳳凰裙，愁看鴛鴦枕。香山含羞怕憶，風月痕。滿衣衿，滿衣衿，桃花血淚印，恨煞情天不相憫。(清歌流花)巫山雨，楚峰雲，雨雨雲雲苦在心，長安一朵飄零杏，今晚夜玉堂難造李夫人，都為花已成胎，又点共得李郎合卺。

(生柳搖金)今宵慶合卺，解得相如恨，何用再操琴，春滿玉樓笙歌韻，自喜桃源近。(慢板下句)我愿名花不謝，長伴詩人，簾幕散幽香，燭花紅吐艷，若不是公子多情，又点得佳人，共枕(口古)唉玄機，你今日得倒落葉歸根，都怕唔使再學啼蟬飄恨吟嘶。

(旦口古)唉，君似東皇憐落葉，可惜我是殘花敗柳身啫。

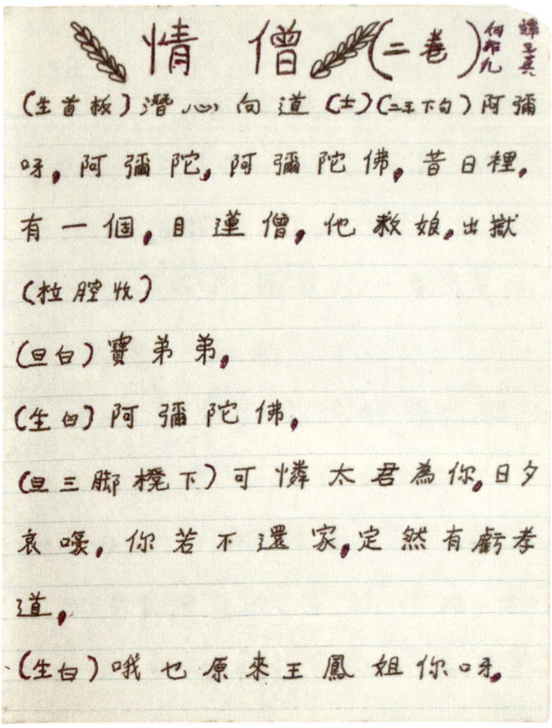
情僧(二卷)
(生首板)潛心向道(士)(二王下句)阿彌呀，阿彌陀，阿彌陀佛，昔日裡，有一個，目蓮僧，佢救娘，出獄
(拉腔收)
(旦白)實弟弟。
(生白)阿彌陀佛。
(旦三腳櫈下)可憐太君為你，日夕哀嚎，你若不還家，定然有虧孝道。
(生白)哦乜原來王鳳姐你呀。

何秋兰手抄曲本

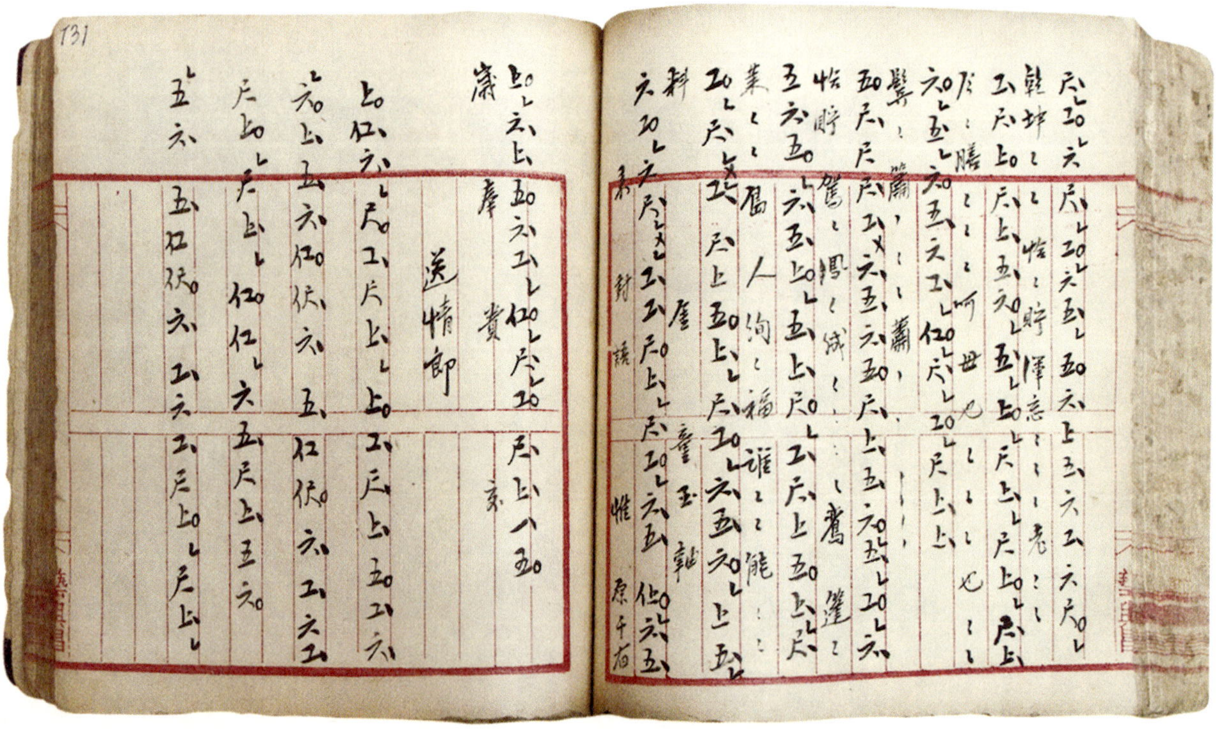

董祥师傅215页粤曲工尺谱手抄本

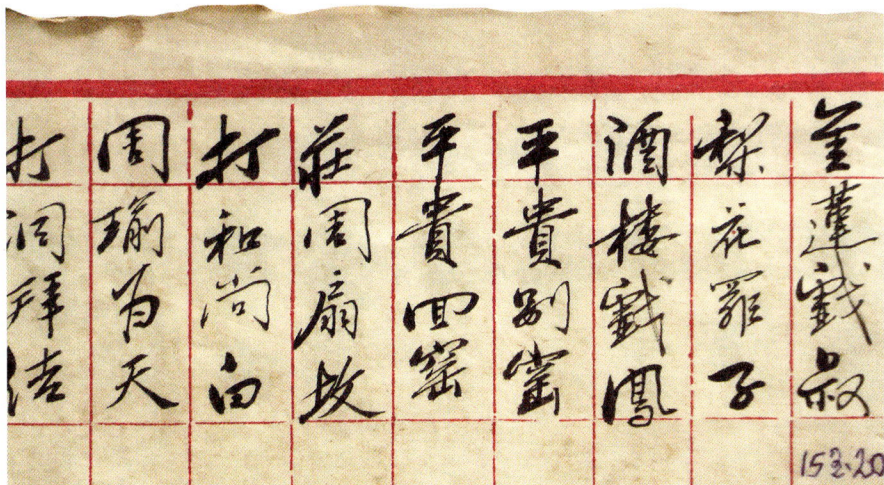

董祥师傅手抄本目录

这话，成了我一个心结，它是一个寄托，有些伤感。

我问她有什么梦想，她说她八九十岁的人了，能有什么梦想，"我日日盼着能去中国"，她讲这句话的时候，明显是一副"怎么可能实现"的心态和表情。我问她：
"你想去中国做咩吖（做什么）？"
"我想去拜山（扫墓）。"
"吓，去拜山？！你是白人啊！"我以为她想去长城、去北京、去上海玩呢。
"我为我爸爸去拜，他在古巴过世，未能返乡下，拜祖先。"
"咁你点知道方标乡下喺边呀（在哪）？"
我以为这一定使她哑口无言了，谁知道她即刻答道：
"开平石塘里。"

这回是我哑了，一个从未离开过古巴的土生土长的鬼婆，毫无中国血统，在养父方标去世十四年后，依然能把他故乡的村名挂在心上，字正腔圆地说出。何秋兰懂的许多中国传统，是我都不懂的，她身上的中国文化素养也比我好。她的养父是开平人，她的丈夫也是开平人，她讲台山话、写汉字、演粤剧，她的家乡就是广东开平石塘里。

枉我还一直说在古巴找不到唐人！●

073

黄民达断了一条腿，装了义肢，从此无法再下三层楼上街

我第一次古巴行程的最后一天，找到了黄民达。找到达叔，终于让我有了信心能在古巴找到唐人，找到我固有认知中的唐人。

像刚来的状态一样，我在街上瞎溜达，用一种碰运气的心理，看能不能碰得到唐人。

路过黄江夏堂的时候，我看见黄江夏堂餐厅隔壁有个门开着，就溜达进去。里面是一个住家的天井，有一个古巴女人在晒衣服，我猜测这是一个有唐人的地方，就问她："中国人在哪？"

哈瓦那黄江夏堂楼外景

她指了指楼上。我上了二楼，发现是餐厅。那会是下午三点，我实在不想吃东西，内心正踌躇着如何是好，该怎么再上一层楼，可巧这时有人开了门，大眼睛，长头发，还是黑发，看起来像半个唐人。他先是叽里咕噜对我说了一通西班牙语，我根本听不懂。他发现我搭不上一句话，转而用和我一样有着奇怪口音的台山话问我来做什么，我告诉他来意，他便带我上了三楼。原来，三楼是要穿过餐厅才能上去的。

三楼果然住着一位老唐人，他叫黄民达，曾经是黄江夏堂的主席。黄江夏堂是黄姓的宗亲组织。

达叔是广东开平赤坎人，1949年来到古巴，当时他在乡下已经结婚，有一个6个月大的儿子。2009年我访问他的时候，达叔85岁，乡下的儿子也60岁了。

我注意到他家中有两三碟粉，后来才知道是爽身粉，是用在他的断肢与义肢的磨合处以及拐杖接触的地方的。原来达叔断了一条腿，装了义肢代步。然而楼宇里没有电梯，他连楼也下不了，每天就站在阳台望着街道。

达叔虽是独居老人，但他的家、他的床被都干净整洁，衣服也烫熨得平平整整，即便他根本就不出门。这大概和他以前在洗衣房工作有关系。

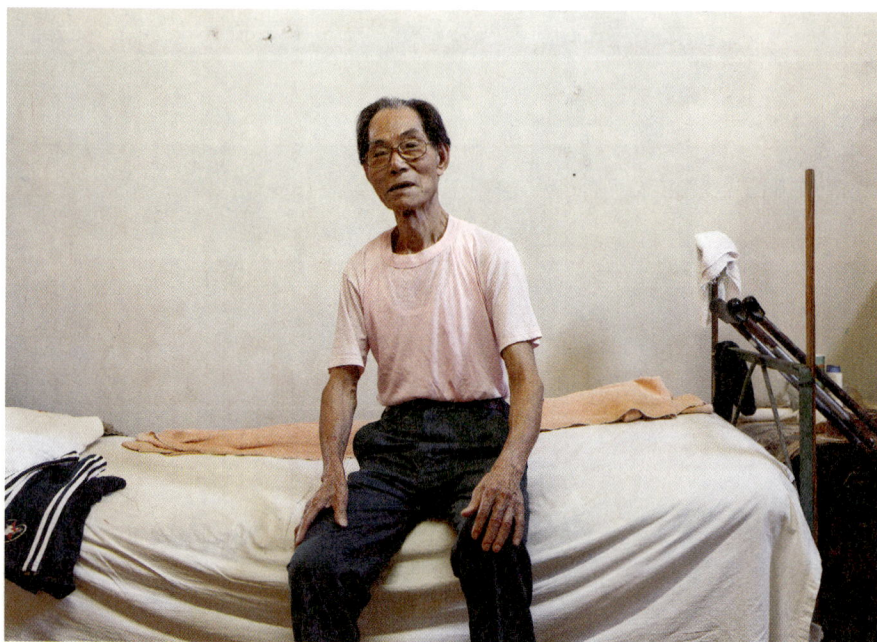

达叔在家中

达叔家中的老照片

爽身粉和大行李箱

妻儿、行李箱、家书是牵念；平整的衣服、干净的床是最后的体面

桌面上的《新华字典》

黄江夏堂的藏书

黄民达家俄国制造的冰箱

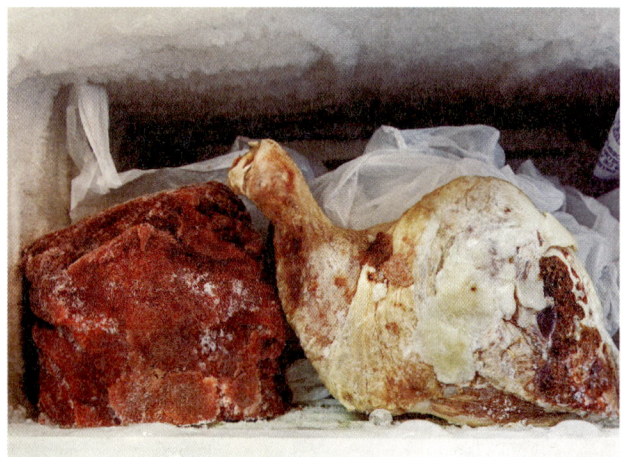
年纪大没有食欲，冰箱里仍有政府配发的肉类

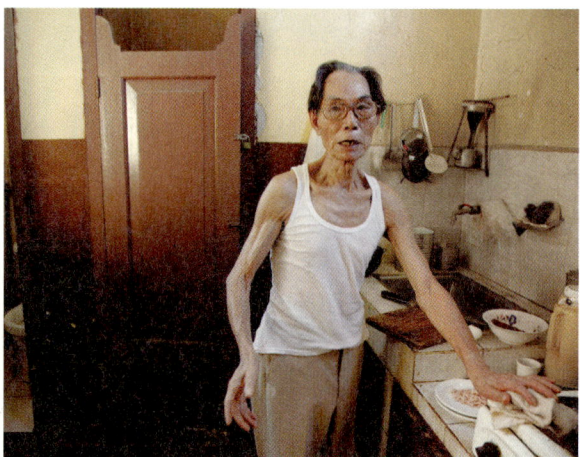
黄民达在做饭

2011年4月，我再次走访达叔，告诉他我将要去他的家乡赤坎，可以替他去找乡下的妻儿。我问他有什么话想带给他们的，达叔凝噎着说："古巴世道艰难，生活艰苦……"沉默了好一会，接着说，"没了，没什么说的了。"

因为达叔以前与家人有书信往来，我在信封上看到了他乡下的家庭地址。一个月后我到开平，去了赤坎乡找到他老婆，带了我预拍的视频和录音，放给她看。可惜她已经不认得达叔的声音了，听了半天，却说着不相关的事情。后来才知道，原来她那会儿心念着要去买"字花"赌钱。我都不知道下次去古巴怎么和达叔说起。

2017年，我再次拜访的时候，得知达叔已经去世四年了。真是不胜唏嘘！

古巴唐人在古巴经历了什么？为什么他们过得如此窘迫，却依旧没有还乡？这些疑问推着我继续古巴唐人的寻踪与拍摄。●

黄民达不能下楼，每天只能在阳台上望着街道

Alberto 手执父亲生前留给他的老照片，他一直带在身边

2009年7月，我再次踏上古巴岛，带着我的西班牙语翻译谭艳萍，飞到古巴东部大城市圣地亚哥，住进了民宿，开启第二次古巴唐人寻踪之旅。

有一间民宿，老板长得一脸正宗"鬼佬"的样子，棕色偏黑的皮肤，个头很壮。我刚吃完早餐，他就走过来问我是不是中国人，我说是，他从钱包里拿出一张很老的证件照，边角磨损严重，还缺了一角，照片上是个唐人。他拿着这张照片告诉我，照片上的人是他爸爸！正当我一脸惊奇，还没开口问个究竟的时候，眼前的"猛男"竟因为提起"爸爸"，眼泪夺眶而出。这真是"惊吓"到我了！

这位民宿老板名叫Alberto Chang Andrial。照片里的老唐人，中文名叫陈典穗，西文Ricardo Chang，广东恩平根竹头清水圹村人，19岁来古巴，1972死去世。他没在古巴上过学，起初以洗衣为生，孩子出生后，到一家酒店做厨师，辛勤工作，一个人赚钱养家。Alberto说他有兄弟姐妹三人，关系都很亲密。

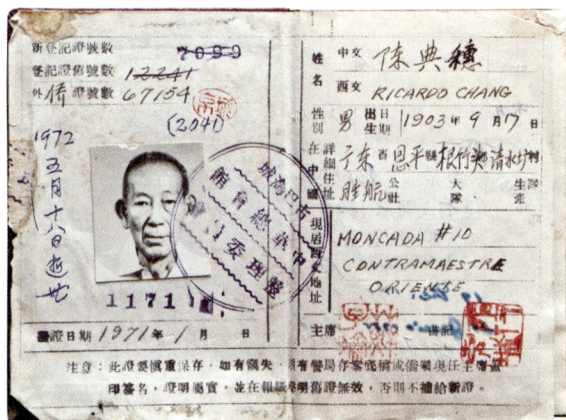

陈典穗（Ricardo Chang）古巴中华总会馆会员证封面及内页

Alberto讲出了他的特殊身世。原来陈典穗不是他的亲生父亲，而是他妈妈与其他男人生的孩子，在中国这可是"戴绿帽"，奇耻大辱！他说他的母亲最后也没有和"那个男人"在一起，而是待在了陈典穗身边。Alberto没有华人血统，也看不出一点华人的样貌，别人都以为陈典穗不能好好对待他和他的母亲。

"是爸爸养大了我，他对我非常好，一直不希望我离开家，让我在他身边长大，告诉我'你不能离开家，不然我会死'。"我眼见泪水悄悄地顺着他的脸颊滑落，他没有去擦，也许他以为我并没看见。"爸爸是自然老死的，一生无病无痛。"他说着，情绪有点压抑，停了一会儿，"一有人讲起华人或与华人相关的事情，我就很激动。37年前我爸爸给了我一张他的照片，这张照片很小很模糊，但我还是放在身边，一直留着，我想我会将它带进坟墓。"

唐人在古巴娶老婆是希望有正常的家庭温暖，但养育出轨老婆的私生子，是爱心超越了几千年传统束缚的稀奇事！难怪那张"父亲"的照片一直放在Alberto的钱包里。

我对陈典穗和他的家庭十分感兴趣，所以跟着Alberto到他家采访。见到了他的兄弟姐妹以及他们的家人。看得出来，他们现在的家庭结构以陈典穗的长子为中心。

陈典穗把子女都教养得非常好，任何人谈起自己的父亲，只有一个"好"字。大儿子记忆中的父亲和家人关系很亲密，是一个真诚而勤奋的人。他乐于助人，甚至连古巴政府都帮。他说，那个年代所有中国来的人都是好人，大家的关系也很好。讲到这里，我看见Alberto在一边偷偷地掉眼泪。为了鼓励他们，我请大家一起唱首歌给他们的爸爸，大儿子领头，全家人唱了一首《生日快乐》曲调的歌，歌词大意是"祝你幸福"。

过了一会儿，大儿子在全家的包围下，模仿起父亲生前的话语和动作，同一句话重复了三次，第二次我听懂了，只是有点愕然，问他是什么意思，他说他不知道，但又很开心地笑着说："爸爸的西班牙语不好，他生气了总是说这句话，开玩笑似的。"而后他又提高音量颇有节奏地说了一遍，他们全家都笑了起来。刹那间，台山粗口满堂飞。"我们都知道其实他不是真的生气……"他们补充道。那句话其实是"屌他妈个𡃆"，是台山粗口，解释出来实在不雅，没想到竟然会变成一句中南美华裔怀念先人的开心话！

我很好奇，陈典穗的西班牙语不好，怎么和家人沟通呢？他的孩子们都不会台山话，反而是他老婆后来学了一些。据说虽然他讲不好西语，但能讲一些基本的日常用语，比如"学校怎么样啊""小心，不要摔倒"之类的，都是一些关心家人的话。"吃得好不好""学习好不好""能不能得到喜欢的玩具"……他一心希望子女开心、幸福。后来陈典穗做了厨师，回家也给家人做饭，给孩子们煲广东汤、做炒饭等唐人菜，还会一起庆祝圣诞节、除夕等。大儿子现在还记得，每年的1月6日三王节（西班牙儿童节），孩子们都很开心，因为爸爸会买玩具给他们。

陈典穗的女儿Maria是个说话不多、没什么表情的女人，染着一头很新潮的紫色头发。但提起父亲做的炒饭，却能详细地告诉我炒饭是怎么做的。在与大儿子和女儿的交谈中，他们对母亲都没怎么提及，只说她在洗衣馆工作，而爸爸希望她在家照顾小孩。

我问陈典穗的孙女："知道什么中国人吗？"
孙女愣了一会儿，答："爷爷。"
大家都被这可爱又窝心的回答逗笑了。

大儿子告诉我，这个孙女还会被古巴人叫作Chinita（中国小妞），哪怕她长得一点儿也不像华人了。他们家人出门时都会被叫Chino（中国人），甚至他们的古巴籍母亲和Alberto，都会被认为是中国人，因为他们都属于这个华人家庭。看得出来，他们并不把这个称谓当成歧视，反而为自己是唐人而感到自豪。

大儿子告诉我，陈典穗的教养传给了他们。从他们每个人身上可以看到，他们的家庭没有争吵，一直很团结。确实，这是非常和谐美满的一家人。他还说，陈典穗在他们小时候，还和中国的家庭有联系，那边的家人会寄万金油和其他一些药过来。但是后来爸爸越来越老，和国内的家庭联系就越来越少，最后失联了。他们很希望能和爸爸的中国亲人取得联系，希望他们到古巴与他们相识。

大儿子反复告诉我，他们和爸爸的关系很好，还说，他们的爸爸特别亲近Alberto，而母亲则搬到另一处住。陈典穗还在工作的时候，Alberto为省钱常到陈典穗的餐厅吃饭。20世纪60年代，所有的私人餐厅变为国有，陈典穗

陈典穗家的中国小妞

陈典穗后人全家福。可见此家庭以大儿子为中心, 即合照中间位置的男子

便回家与子女生活在一起。他每个月还有一些退休金，自己管自己的钱，子女们都供养他。后来Alberto搬到母亲家，陈典穗总是叫他回自己身边。于是Alberto总在那里陪他，晚上才回家睡觉，一直到陈典穗老死。陈典穗卧病在床没有太久，他走的时候，所有家人都陪着他。他的后人们现在住的地方以前是中国人开的洗衣馆。他生前希望一家人一直住在这里，不要分开。直到他去世，家中的四个孩子都一直在一起，他到死都很幸福。现在，Alberto还住在母亲家。陈典穗去世后，他们兄弟姐妹关系一直很好。他用他的温情和宽厚，教养了一家子，甚至把传统中国人眼中的"耻辱"，都化成了爱和包容，比血缘纽带更真实地牵系着这个家庭。

更可贵的是，没有人特别告诉我Alberto的身世，这更好地说明了他们是真正的不分彼此，就是一家人。我单独访问了Alberto，明白那张老照片对他的意义，所以我请他放在胸口，并拍下了他的人像。此后，我以此形式开启了古巴唐人人像系列的拍摄。对所谓"古巴唐人"的理解，也因此变得宽阔。我不再执着于他们是否是旅古第一代，不在乎他们会不会讲唐话，不在乎他们还讲不讲得出乡下的地址和故事，更不在乎他们的肤色和血缘。只要他们还有一丝与中国、与故乡、与祖先、与亲人的牵念，我便请他们将老照片或他们心爱的故乡物件放置胸口，拍摄成像。

Alberto的相片，我没有拍好。他讲他的故事的时候，我也忍不住流泪，两个大男人哭得手抖。我的父亲有三个妻子。第一位妻子生了两个女儿，在怀第三个的时候流产去世；而后他娶了第二位妻子，怎料不能生育，所以她的妹妹为了姐姐以后生活得有尊严，避免其成为传统社会的抹地布，就被家人安排作为"替补"，与她的姐夫上床直至怀孕生下男儿，才有了名分。这个妹妹就是我的母亲。她那可怜的被命运安排的姐姐，视所有刘家小孩为己出。无独有偶，我钱包里也有我婶婶母亲的照片，至今随身携带，陈旧得和陈典穗那张一样。●

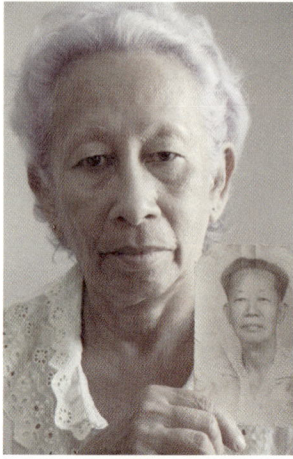
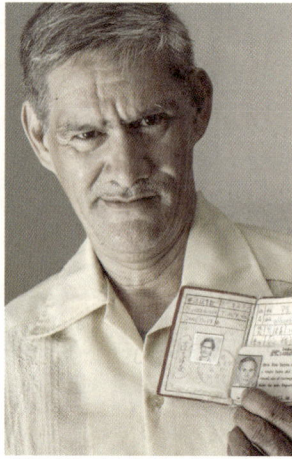

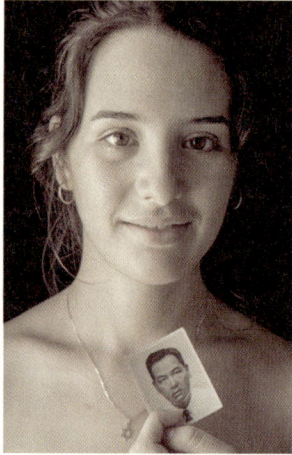
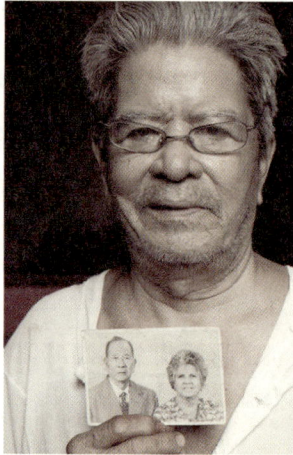
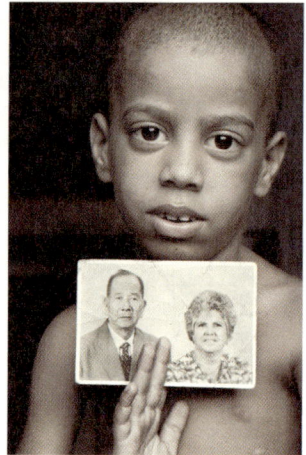
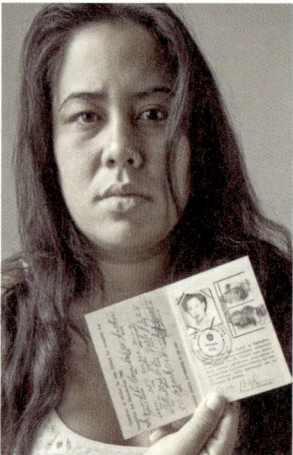
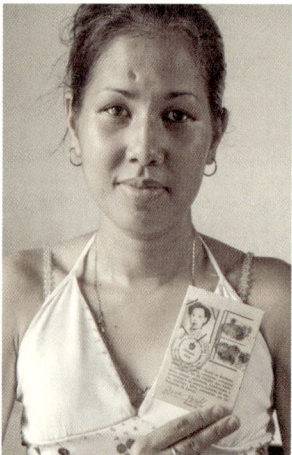
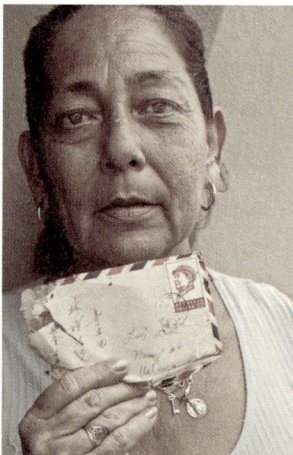
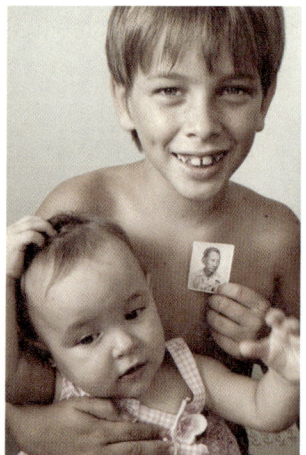

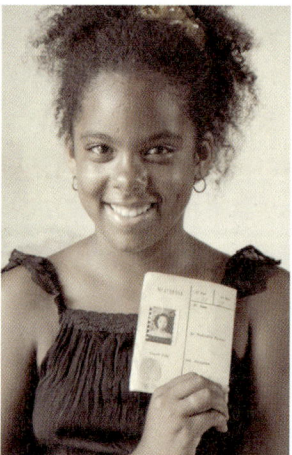

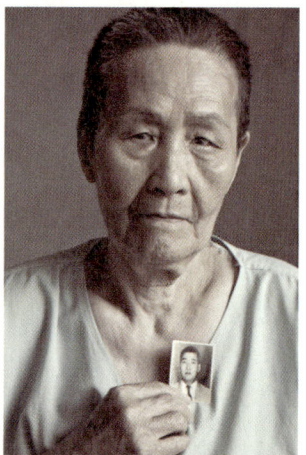

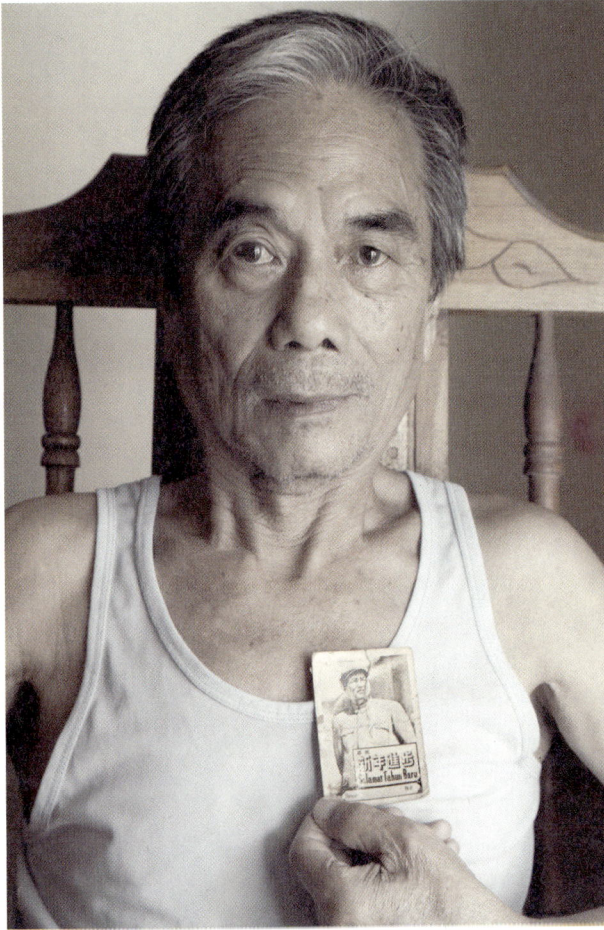

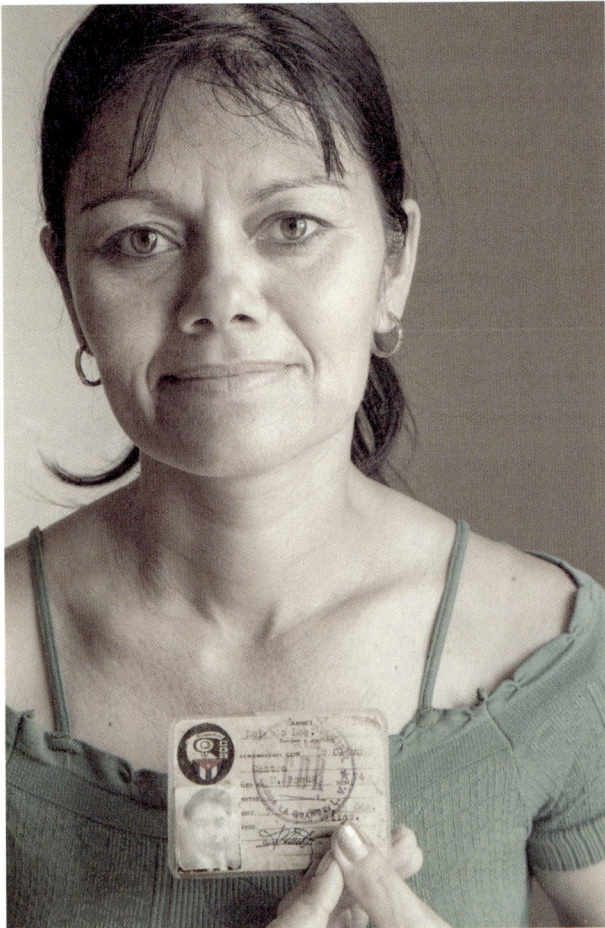
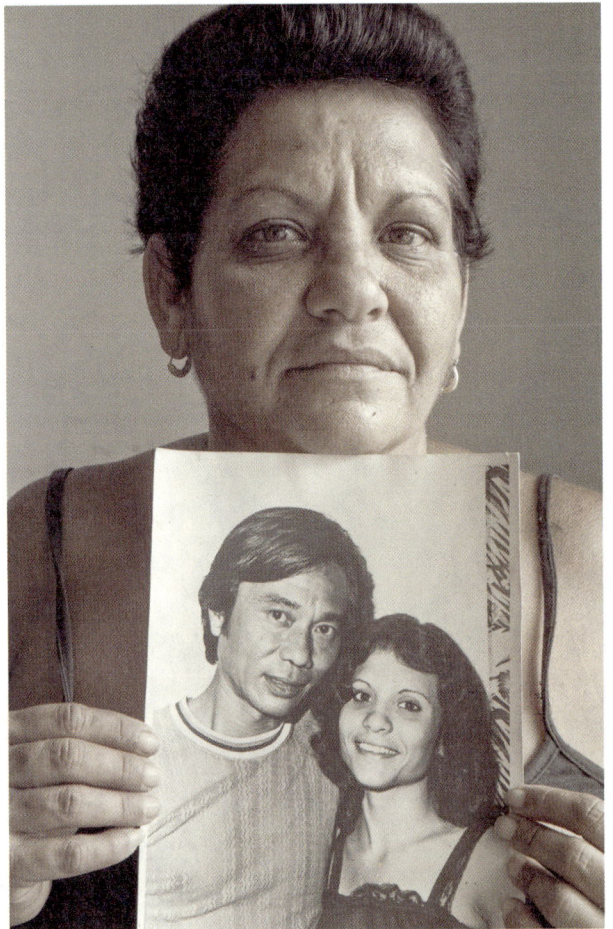

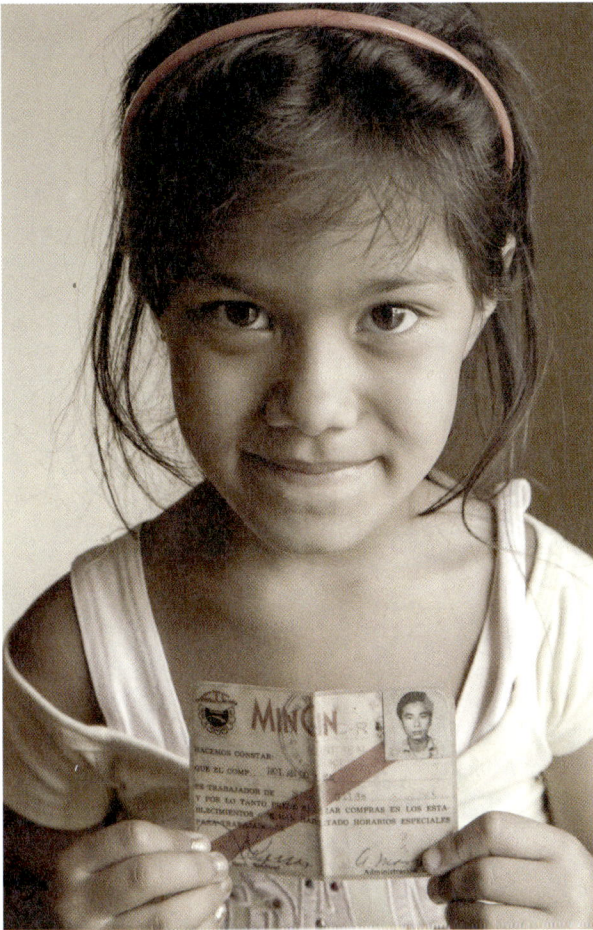
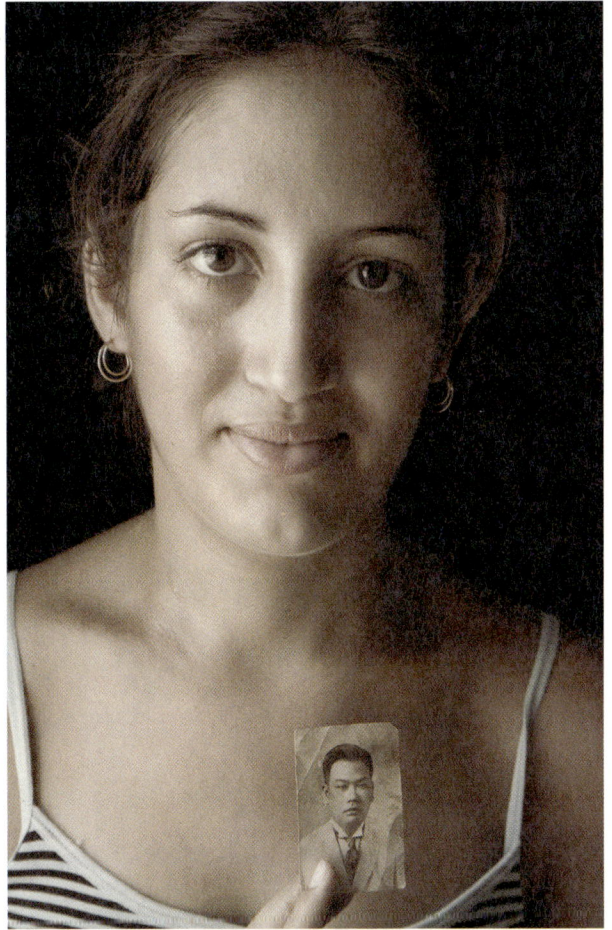

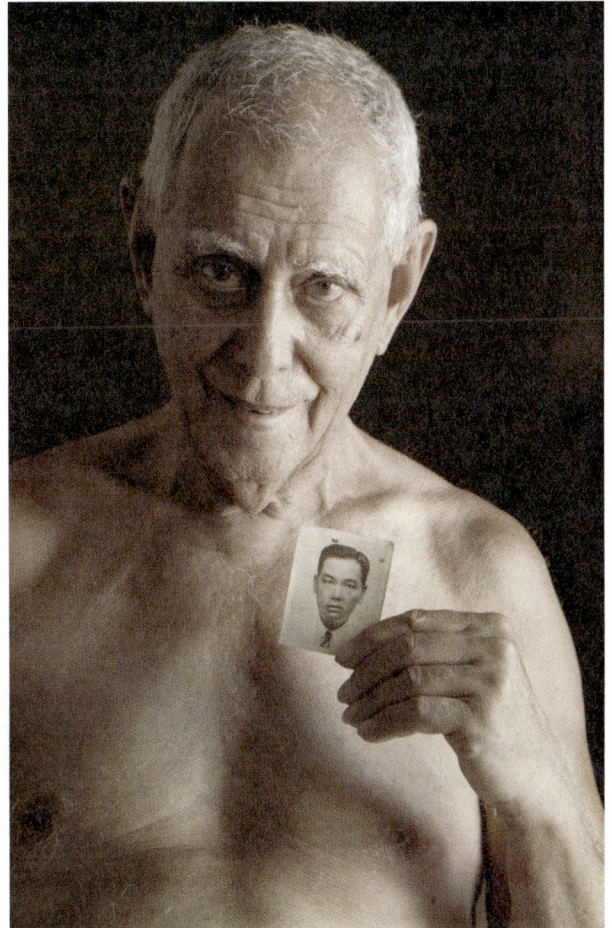

唐人芒比：
没有一个古巴华人是逃兵，
没有一个古巴华人是叛徒

"君不见青海头，古来白骨无人收。新鬼烦冤旧鬼哭，天阴雨湿声啾啾！"

原本，杜甫《兵车行》对我来说就是中学课本里仅剩在记忆中的两句"作业"，自从黄威雄带我去大萨瓜中华义山，看见那成堆遗骨之后，这两句诗总是在我的耳边自动播放。往后，每次到古巴，去墓地祭拜似乎也成了我的一种习惯。

古巴圣地亚哥国家公墓（Castro Grave）里，有一位西文名字叫José Tolón的华人，墓碑上没有中文名字。然而，José Tolón如果生活在今天这个时代，他应该名垂青史，他是享有作为古巴共和国总统候选人权利的两位华人之一的赖华上尉！

圣地亚哥国家公墓门口

唐人芒比

前面讲到契约华工在种植园的苦役。契约华工在契约期内所遭受的待遇无异于黑奴，并且第一个八年的契约期满之后，极少能够顺利成为自由之身，大多是在一堆坑蒙拐骗、威逼利诱之中进入第二个八年期，其间死于责罚、虐待、疾病和过劳者无数。这些残酷的剥削积聚了古巴华人反抗的情绪。如《美洲华人华侨史》一书所述，由于19世纪60年代古巴本地经济长期的发展，逐渐形成了一支想要摆脱西班牙殖民统治的白人贵族阶级，这个阶级分为三派：一派是与美国南部有联系的奴隶主，希望脱离西班牙归并美国，这一派在南北战争之后，随着美国南部奴隶主战败而一蹶不振；第二派是希望通过改革来争取宗主国取消贸易限制等方式实现同等权利，这种改良派在被宗主国一通闹剧糊弄之后宣告失败，其中华工问题包括成立"调查委员会"，清政府总理衙门派陈兰彬专使考察古巴，披露契约华工"被卖为奴……凌虐不堪……死者累累不绝"等，报告促使清政府废除了国内苦力贸易，但未能解放仍在契约期内的那部分华工，也未能解决古巴当时的社会问题；第三派主张以革命手段废除奴隶制，争取完全独立，主要分布在西班牙统治薄弱的东部地区，黑奴和华工皆把希望寄托于独立派。1868年到1878年，独立派发起了第一场革命战争，起义军自称芒比（Mambi），华工积极响应，勇敢参与，战功显赫。这场战争持续十年，在1878年2月一部分妥协分子与西班牙政府签订《桑洪协定》（Pacto del Zanjón）之后，稍事歇停。但仍有一部分人不妥协，继续坚持反殖民统治，这部分游击队战斗的主力都是华工，他们宁愿死在战场，也不愿投降，主要分布在东部三省，在古巴历史上称之为"小战争"（Guerra Chiquita, 1879—1880）。古巴第二次解放战争是1895年至1898年，华工、华商、华侨立即响应，这次战争比较彻底，很快席卷古巴岛六省。当中最著名的唐人芒比有以奥连特省古巴解放军第一剧团赖华（Lai Wa）[1]上尉为首的30多名华侨战士。直至20世纪90年代，年老的古巴人还能数出17位华侨英雄的名字。"奥连特省的赖华——古巴人叫他何塞·托隆（José Tolón）上尉和拉斯维利亚斯省的胡德（José Bú）[2]上尉，就是其中最著名的两位。他们都是第一次

---

[1] 笔者按，引文原文为"赖娃（Lai Wa）"，广东话"华"的发音同"Wa"，佐以其他资料可确定为"赖华"。

[2] 笔者按，引文原文"何塞·布（José Bú）"，中文名字是胡德，从刘博智拍摄的古巴安定堂内牌匾所书可知。

安定堂内安定堂简史中有胡德（José Bú）的记载

FEDERACION DE I...

José Bu.

bajar las maquina...
ingenios.

Los barcos ne...
nían abarrotados...
y la "mercancía...
echaba al mar pa...
estorbara ni infect...
to de la carga. "L...
tad agitaba los r...
rracones", el láti...
rros, la soga y e...
menzaron de nuevo...
rar, más funesto...
gubres porque el...
víctimas era mayor...
...qué suerte! ¡esta...
era delicada como los indios: eran negros fornidos...
más dura, sus músculos resistían más! ¿A qué teme...
ta de brazos en el porvenir? No importaba que pa...
en la menor cantidad de tiempo la mayor suma d...
estos esclavos muriesen como consecuencia... ¡...
inagotable estaba muy próximo!

El buen Padre las Casas fué impoten...
suerte de los parias del Nuevo Mundo, s...
...mplo virtuoso, súplicas, oraciones. L...
...ilberforce, Channing y sus colabo...
...ins, destruyeron par...

关于胡德上尉的介绍

Retrato del señor José Tolón, Capitán del Ejercito
Libertador de Cuba, que, al igual que sus demás com-
patriotas, renunció a la pensión que le correspondía.

La admirable señorita doctora Lucía
Tolón Villalón, hija del Capitán José
Tolón y su esposa Sra. Eleuteria
Villalón.

关于赖华的简报，上面有赖华及两个女儿的照片和简介

解放战争就参加起义军的老战士，在古巴30年（1868—1898）解放战争中，他们始终站在斗争的最前列，将毕生的精力毫无保留地献给了古巴的解放战争。因此，古巴独立之后，古巴人民曾给了他们崇高的荣誉。根据古巴1901年宪法第六十五款的规定，他们尽管出生在中国，但由于在古巴解放战争中功勋卓著，他们和古巴解放军总司令M. 戈麦斯将军一样，也享有作为古巴共和国总统候选人的权利。"[1]

赖华战后没有领取军队的津贴费用，没有自己的事业，没有政治关系，也不是洪门成员。甚至在M.戈麦斯将军的纪念碑上，我都没看见有提到华人义勇军。我采访到他的后人，赖华的外孙女Maria Wong，她给了我一份关于赖华逝世时的报道，上面刊登了他的遗像和两个女儿的照片，并写着：

"赖华先生：参加古巴独立战争，立功甚伟。古巴独立后，赖君不受俸金，土人异口同声歌颂。赖君于一九三二年仙逝，赖夫人仍健存，男公子二人，女公子四人，男女公子均能遵承遗志，忠厚和平，且专心向学，已获得毕业荣誉，实为旅古华侨之光。"

赖华，祖籍广东台山都斛利和里，他的妻子是一位古巴土生华裔，混血儿，名叫Eleuteria。2009年7月，我采访了他的一位女儿赖美美（Urbana Tolon Joa Villalon）。可惜那时她已经很大年纪，讲不清楚关于她父亲中国故乡的任何情况。2017年我再度探访时，又采访到赖美美的女儿Maria Wong，她非常激动，说话完全没有停顿。她说赖华可能是不到20岁来到古巴的，他与Eleuteria结婚后住在圣地亚哥附近的小城里，因为听说独立战争发生了，就去参加了。战后，赖华没有接受将军的俸禄，也没有进行其他的工作，因为他突发疾病去世了。去世后，他的妻子一辈子没有再嫁。虽然她说了许多关于外公的事情，但真相却朦朦胧胧。赖华什么时候来到古巴？哪一年生？听说他去世的时候很年轻，但具体是多大年纪，都没有说清楚。比如Maria Wong说赖华去世时才42岁，虽然赖华几岁参加独立战争不可考，但在本书中另外一位主角吴帝胄

---

[1] 引自李春辉、杨生茂主编：《美洲华侨华人史》，东方出版社，1990年，第595页。

赖华之女赖中（Lucia Tolón Villalon）当选胜利小姐时的照片

赖华之女赖美美（Lucia Tolón Villalon）年轻时的照片

赖美美家庭成员登记

赖中中华总会馆会员证

和加西亚合著的书中，清楚地记录了赖华1895年在奥连特省击垮西班牙400人军队的那场战争，[1]这距离1932年赖华去世有37年之久，就算是功勋累累的上尉，说4岁就决战沙场确实太过牵强。

赖华应该结婚比较早，育有六个儿女，直至我访问他的后人时，有些儿女已经去世。当我提到赖华的另一个女儿去了美国时，Maria说，那些去了美国的亲人，和古巴亲人分开了，关系已经不那么亲密，她也不知道那位的事情。

名将之后

2009年我采访赖美美的时候，她住在大房子里，是她丈夫当年花14000比索买下的。赖美美作为名将之后，嫁给了孤身从广东到古巴的黄廷炎（Fransico Wong）。我们做访谈的时候，她年纪已经很大，记忆模糊，语言不清，总是反复念叨着她丈夫的名字。她的丈夫20多岁到古巴，与她在杂货店相遇。她当时在酒窖里散步，黄廷炎看见了她，立刻坠入爱河。后来，黄廷炎买下一家商店，和她结了婚。丈夫又帅又有钱，是她的天使，像金子一般，对她很好，也乐于助人。可以听出她对丈夫非常想念，说起他来非常自豪。"他那时生意做得很大，是个很厉害的生意人，货卖到很多地方。"她一边说着，一边走向家中的神台，上面除了摆放古巴非洲神、圣芭芭拉、菩萨等各种神像，还有她的祖母的画像、丈夫黄廷炎的照片，以及儿子黄海明的照片，却唯独没有关公像，家中其他地方也没有看见关公的画像。她指着神台上丈夫的照片说："他不但帅，还心地好。我们结婚45年，生了两个儿子一个女儿。"

Maria也在场。她告诉我，黄廷炎是一位好父亲。他刚到古巴时，在餐厅洗碗，每天都工作很长时间。华人在古巴有很好的名声，都很勤奋；而古巴人总是喝酒，很懒。华人从不偷窃，勤俭耐劳，哪怕做生意，也从不缺斤少两；而很多古巴人爱偷窃，喜欢不劳而获。她生平从未见过一个中国人进监狱。黄廷炎

---

[1] Mauro Garcia Triana and Pedro Eng Herrera, *The Chinese in Cuba, 1847-now* (Lexington Books, 2009), p.15.

从未教过Maria说中文，因为他工作的地方离家很远，不能每天回家。她记得父亲曾差点买中彩票，说如果中了一定带所有家人回中国！Maria一直记得这件事，哭着说："我差点就能回中国了。"她告诉我，她从小就更爱爸爸多于妈妈，爸爸给她好的教育，是一个榜样。她说在古巴，女儿们大多更爱父亲。"爸爸死的时候，我甚至没有勇气参加他的葬礼。"后来她还是去了，有人建议她拿回一块骨头。她爱着父亲，爱着他的灵魂。

Maria带着我在赖美美的家中四处拍摄，房间里还有黄廷炎喜欢的女明星像，挂了超过50年。还有一些随意堆放的轮胎，听说是Maria的丈夫喜欢轮胎。房间里放着好多骨盒，她指着每个盒子告诉我，这些分别是她的爸爸、哥哥和丈夫的骨盒。我随口问她："你老公是好老公吗"？她回答说是。接着又

赖美美家中的祭台，有她的祖母、丈夫、儿子遗照，却没有父亲赖华的相片

097

说起丈夫嗜赌，有时在赌场三天都不回，她和孩子们则孤单单在家。虽然如此，她还是信任他，认为只要不是去找其他女人就好。"只有死亡能将我们分开。"她看着我，很坚定地说。

这房间里更令人惊奇的物件是放在小盒子里的垫着棉花的三块骨头，这竟然是黄廷炎的手掌骨！Maria说有一次她父亲从马上摔下来，摔断了手臂，不得不做手术，在骨头里面用金属连接起来。后来父亲去世，她就保留了父亲的手掌骨，她怀恋父亲的方式真是非常特别啊！

赖美美的女儿Maria Wong

赖美美的丈夫黄廷炎（Fransico Wong）的遗照和手掌骨，他的女儿收藏至今

赖华上尉

哈瓦那有一座纪念碑,上面写着:"在古巴独立战争中,没有一个古巴华人是逃兵,没有一个古巴华人是叛徒。"我想,这就是赖华这一辈唐人用自己的热血和生命换来的,即使没有得到更多的记录,甚至后人都很难说清楚,但只要还有唐人像我这样路过、采访过,就有责任让他们的事迹流传出去。我与赖华上尉的曾孙一起,带着我从广东带来的礼物——腊肠、陈皮梅、白花油等,到古巴圣地亚哥国家公墓,祭拜了他。他们家族都葬在这里。

最后,我拿出50美金,请他的曾孙在墓碑上刻上中文名——赖华。●

赖华上尉的家族墓地,图中男子是他的曾孙

ESTE MONUMENTO
ES ERIGIDO
A LA MEMORIA
DE LOS CHINOS
QUE COMBATIERON
POR LA
INDEPENDENCIA
DE CUBA
———
10 DE OCTUBRE DE 1931

古巴旅古华侨协助古巴独立纪功碑

哈瓦那旅古华侨协助古巴独立纪功碑

NO HUBO UN CHINO CUBANO DESERTOR
NO HUBO UN CHINO CUBANO TRAIDOR
GONZALO DE QUESADA

哈瓦那旅古华侨协助古巴独立纪功碑上"没有一个古巴华人是逃兵、没有一个古巴华人是叛徒"的西班牙文

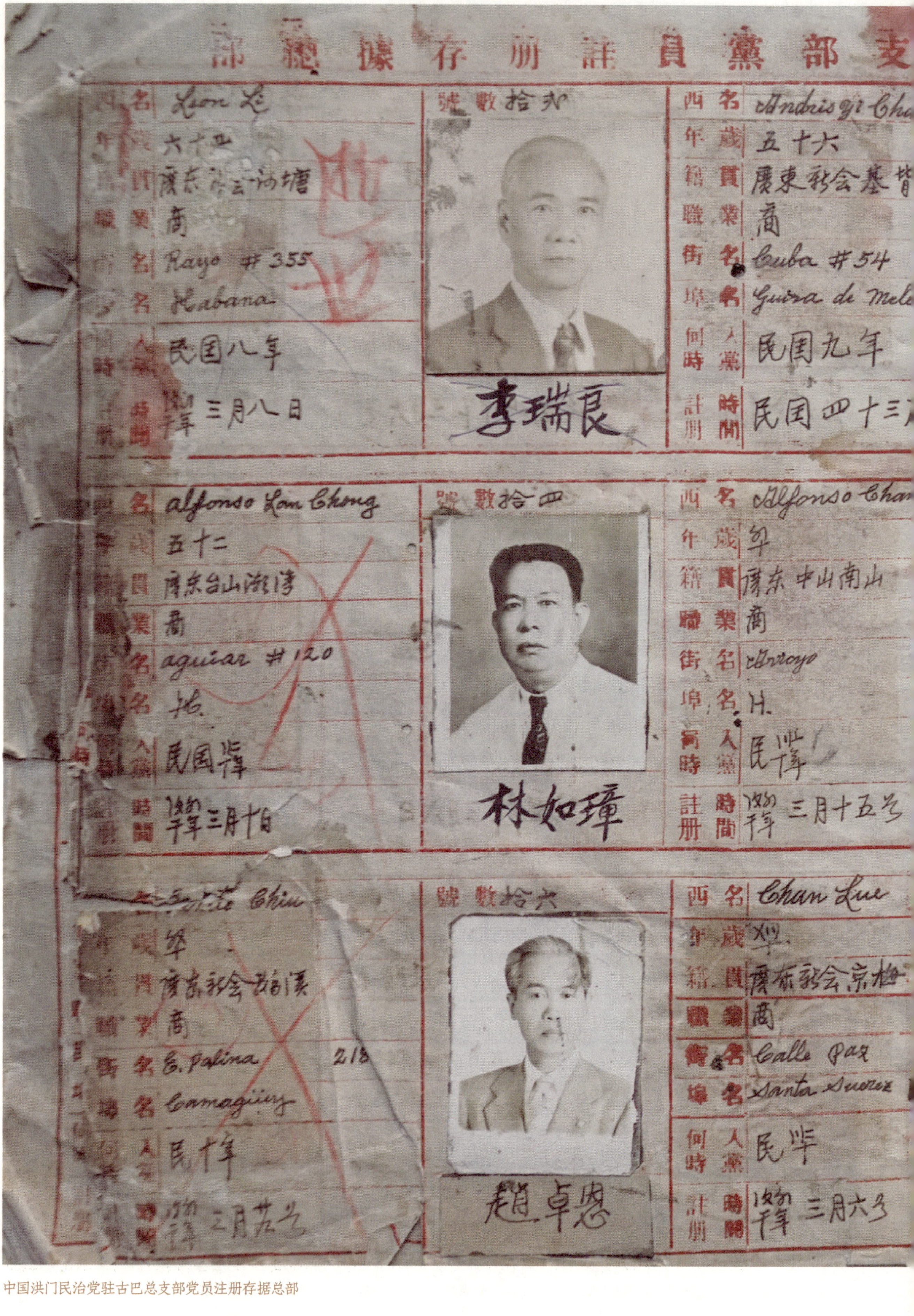

中国洪门民治党驻古巴总支部党员注册存据总部

號數六		西 名	Federico Chi Cacio	號數壹
		年 歲	六十七	
		籍 貫	廣東台山泡步	
		職 業	商	
		街 名	San Nicolas #522	
		埠 名	Habana	
		何時 入黨	公歷壹千九百壹十壹年	
		計冊 時間	民國四十三月六号	
余念增				朱家托

號數捌		西 名	Francisco Ley	號數弍
		年 歲	六十八	
		籍 貫	廣東新會何村鳳鳴里	
		職 業	商	
		街 名	Cuchillo #11 alto	
		埠 名	Habana	
		何時 入黨	光緒幣	
		計冊 時間	民國廿年三月六号	
陳一鳴				李祥雲

號數拾		西 名	Juan Lau	號數四
		年 歲	卅	
		籍 貫	廣東台山裡四	
		職 業	商	
		街 名	Cuchillo 9	
		埠 名	H.	
		何時 入黨	民元	
		計冊 時間	年三月卅号	
陳謀蔭				刋尊謀

10 古巴洪门：
忠诚救国、义气团结、侠义除奸

古巴洪门

2009年7月24日，翻译谭艳萍和我飞抵古巴东部大都市圣地亚哥。一出闸，大群"的士佬"拥上来兜客，我挑了一个笑容好的大只佬，坐上了没空调的1949年款的美国雪佛兰老爷车。它像头犀牛喷着一屁股黑烟，浩浩荡荡地去找民宿。之后我们要求找中国人，这大只佬拍了一下大腿，说道：我邻居是Chino。就这样，我进入了吴金荣的家。这位广东恩平的华侨花了四天时间，带我们找到坟场，并拜访了两个华裔和三位老侨，其中就包括上面讲到的赖华的后人。现在来讲另一位老侨郑集禧。

郑集禧是圣地亚哥洪门民治党主席。他原是来古巴找他三伯的，刚来的时候做杂货、洗衣等工作。他妻子是古巴人，总是笑眯眯的，是他开杂货店时认识的。两个人结婚40年，感情很好，有三个女儿。郑集禧会做唐人菜，我问他妻子知不知道唐人菜怎么做，她头头是道地和我讲她丈夫炒饭、炒杂菜、炸云吞、腌制咸鱼和豆豉等等。我问在古巴有没有歧视华人的现象，她马上笑着摇头，说那时候中国人很受欢迎，因为华人团结、老实又慷慨。那时候华人在古巴普遍比古巴人有钱，几乎都有自己的小店，大多是开杂货店或餐馆。郑集禧的广东话很流利，可是耳朵不太灵光，说话声音比较大。他已经和中国的亲人失去联系，此前他的姐妹曾给一位中间人留了电话，中间人去世后，他们就失去了联系。他还有一个女儿在美国。

郑集禧带我去参观民治党供奉关帝坛的小房间，就在大堂挂着毛泽东照片的那堵墙后面。因地方小，实在不好找拍摄角度，我正在门前琢磨着怎样拍的时

郑集禧的妻子手中拿着郑集禧年轻时的照片

候，看见门的左边，在地上像垃圾堆一样堆起一些旧书。我随意捡起一本看，有一半是用文言文写的，图画也有一些，一副快要散架的样子，看不明白是什么，就放回了原处。等我拍完关帝坛后，转过身，郑集禧将三本书塞进我手里说："土著仔唔会睇，如果你唔攞走，全都要冚晒"。

他的意思是："土生华裔看不懂，如果你不拿走，全部都要扔掉。"顿时，我感到某种无形托付的责任。我花了两年时间才搞明白这本书是什么。它是一本"洪门秘典"，即洪门帮会的接头暗号，一般只有龙头老大才有。这书以前叫《海底》，后来在缅甸遇见一本叫《金不换》。听说以前，龙头或五虎将去世，这书是跟着入棺材的。洪门、洪门民治党等名词，在此之前对我来说似乎毫无意义，但在研究这本书的过程中，我明白了"洪门"对于古巴唐人，甚至全球早期流散海外的华人的特殊意义。

"洪门"组织最初来自以反清复明为宗旨的洪门天地会。金庸的小说《鹿鼎记》让"天地会"出了名，可惜那时我已经留美求学，知道的并不多，反而是后来在其他"洪门秘籍"中看见小说主角韦小宝的师父——天地会"总舵主"陈近南的画像。清末，洪门已经四散海外，自立山头。为何对当时来自中国沿海的底层人口这么有吸引力？我想都是因为清政府辜负了自己的子民。羸弱的清政府连本土子民都没能照顾好，何况漂流海外的这些！普通人出海谋生，大多有三种途径抱团取暖。一是宗亲会，是以血缘或同姓氏维系关系的组织，比如"黄江夏堂"是黄姓的宗亲组织，"陈颍川堂"是陈姓的宗亲组织，有些姓氏人数较少，则会联合多个姓氏组成联姓制堂号或公号，如雷、方、邝的"溯源堂"，由刘、关、张、赵四姓组成的"龙冈公所"，以姓氏偏旁都从言字旁的谭、谈、许、谢四姓组成的"昭伦公所"，等等。宗亲会需要同姓氏，超越姓氏局限的另一种组织形式是同乡会。而突破了姓氏和同乡条件的组织，那就是洪门！只要加入者遵守"洪门信条"——"忠诚救国、义气团结、侠义除奸"——就有了组织的依靠。

2017年1月是哈瓦那洪门130周年庆典。我在一张华文报纸上读到《古巴中国洪门民治党史略》一文，其中说道："光绪十三年（公元1887年1月15日），旅古巴华侨温祝池、李圣珍、李金刀、李开仁、谭更平及陈仲等先辈，组织洪门三合会于哈瓦那沙鲁街八号。当时古巴还处于西班牙殖民政府统治下，只能以慈善组织出现为华侨谋福利，当时旅古的华侨十有八九参加了洪门。洪门组织在古巴成立六年之后，即1893年5月9日，古巴中华总会馆相继成立。"1902年，古巴洪

圣地亚哥洪门民治党办公地点

洪顺堂《海底》

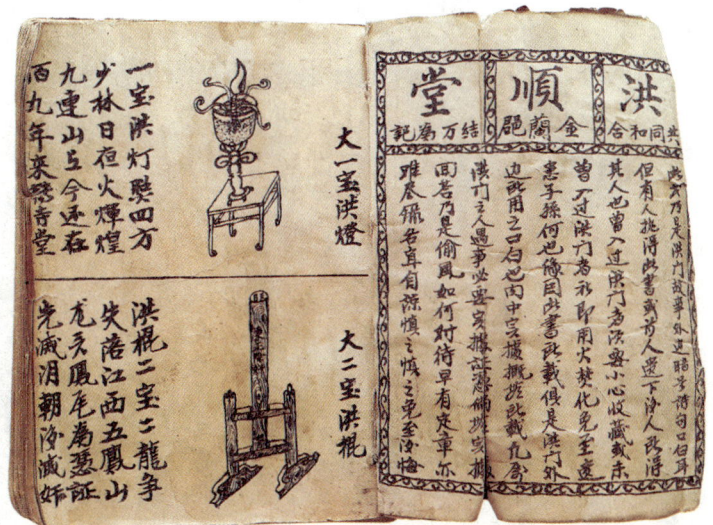

洪顺堂《海底》内页

黄色建筑是哈瓦那华区的陈颖川堂

陈颖川堂餐厅局部

哈瓦那溯源堂餐厅

哈瓦那华区的昭伦公所，已是土著住所

西恩富戈斯: 洪门民治党外部

哈瓦那华区的同乡会之中山自治所

古巴中國洪門民治黨史略

　　中華民族有五千多年的文明歷史(國有史，邑有志，裏有乘，有譜皆所以明盛衰，詳興革，昭著當世，垂于久遠也)。洪門歷史源流久遠，在海外已有一百四十多年了，根據僑史之記載及筆者之了解。遠涉重洋之先僑，早在三百六十年前就來加勒比海，而后大批華人進入南美，也有一百六十多年歷史了。天涯海角，凡有華僑足迹，似乎都有洪門的組織。雖然各地區的洪門的名稱不一，有的稱致公堂，民治黨，進步黨，致公薰，三合會，竹林社，聯合會，秉公社等，因各國地區政治之不同，洪門名稱不一，實非有分歧。但組織上的宗旨是：愛國、愛鄉、愛僑胞、與當地人民互愛友善，共同爲社會人群造福，聯合世界洪門的力量，爲促進兩岸和平統一，致力祖國富强作貢獻的目標是一致的。

　　光緒十三年(即公元一八八七年一月十五日)，旅古巴華僑溫祝池，李聖珍、李金刀、李開仁、譚更平及陳仲等先輩，組織洪門三合會于哈瓦那沙魯街八號。當時古巴還處于西班牙殖民政府統治下，只能以慈善組織出現，爲華僑謀福利，當時旅古的華僑十有八九參加了洪門這個組織。洪門組織在古巴成立六年之後，即一八九三年五月九日，古巴中華總會館相繼成立。

　　一八六八年至一八九八年古巴爭取獨立戰爭期間，有六千多華僑參加協助古巴革命，反抗西班牙殖民統治。大多是我們洪門兄弟，其中犧牲者有一千多人，這個光榮歷史乃我先僑用鮮血凝成的友誼。

　　一九零二年五月廿日，古巴宣布成立共和國。旅古巴洪門人士也于當年由李邁凡，李卓山，趙少忠，黃伯平，張淳沛及陳佛喬等先賢，召集洪門昆仲，響應北美洪門致公堂之號召，將洪門三合會改名爲洪門致公堂，同時堂址也遷往沙魯街門牌十四號，迄今洪門在古巴已有一百二十七年歷史了。

　　一八九八年美國與西班牙開戰于墨西哥海灣，旅古華僑受戰禍影響，僑界工商，世情冷淡，僑胞失業者多，整個哈瓦那華區僑胞，陷于饑餓的近千人，處境堪憐。故此，當時洪門領導人李邁凡，李聖珍，易綺茜蕭公見此情況，組織洪門成立賑濟委員會。公推李邁凡爲主事，積極協助僑胞解決困難，維護僑胞合法權益。

　　一九一零年元月廿五日，接獲古巴内務部社團登記注册局正式批准爲全國性總支部。總部設在哈瓦那，其它各省市設有分部，各分部的產業乃用總支部的名義爲產業主。所以各分部之經濟開支的每月的進支數目，每月必須呈一份進支總數給總支核存。如總支部需急款時，總支部有權將某分部按揭或變賣，但總支部必須召開全體分部主席(總理)會議，以百分之八十通過，方能作正式決議，不能以三幾個人來處理，這是洪門一貫良好的傳統。

　　一九二二年五月三日，古巴洪門致公堂與美、加(牙買加)等國致公堂創辦古尖報務股份公司，在古出版(開明公報)以爲喉舌，首任主筆是邁凡公，李公主持了六個月，榮旋歸裏探親，由黃仲和兼任總編輯十年之久。曾爲開明公報主筆的有顏志炎，司徒全，李聖居，何公選，黃喜蓀，司徒素子，馮嘯天，曾振賽，楊韓裏，李隆棠，李德基。

　　一九二四年，祖國廣東和其它別省發生洪水爲患及抗日期間，至一九四五年八月抗戰勝利。(開明公報)均大力呼吁，號召全體僑胞捐款

古巴华文剪报

古巴洪门130周年庆典活动现场，"洪门"二字已消失

门组织"洪门三合会"响应北美致公堂的号召，改名致公堂。1910年1月25日，古巴内务部社团登记注册局正式批准其为全国性总支部，总部设在哈瓦那，另在比亚克拉拉省、圣地亚哥、关塔那摩和谢戈德阿维拉设有四间分部。1925年改名为洪门致公党。1946年，致公党转型为民治党（Partido Democrata Chino）。20世纪上半叶，洪门在古巴下设15个分部，有党员数千名，在古巴各地自置楼宇共计15座，产业总值数十万美元。1959年古巴革命后，洪门民治党失去其政党性质，转化为联谊性组织。到目前，虽经济贫困，全岛老侨只剩三四十人，尚有四个洪门在不同程度上由混血华裔运作，洪门仍然是当地华人和华裔生活的一部分。自20世纪40年代开始，接纳新鲜血液已经成为古巴洪门的一项新政策。1959年以后，大批华人移民离开古巴，如今除现任龙头蒋祖廉外，管理层内已经没有一个人能够阅读和书写中文，洪门民治党的文件从中文转变成西班牙文，而且会员多是混血女华裔。

130周年庆典的大活动上，洪门民治党在大堂入口摆了个小展览，在一个玻璃柜内放着一本会员名册。得蒋祖廉许可，我拍摄了一套。登记册的其中一页，在右上角位置，是会员"朱家兆"（Frederico Chi Casio）的资料。这一位人物在古巴唐人中有非常显著的影响力。朱家兆生于1883年，据《华人在古巴——1847年至今》记录，朱家兆是在一战前后第三波移民潮时期来到古巴的。起初他在大糖厂工作，凭借出色才能成为工头。他的聪明才智和组织能力让他很快拥有了大笔财富，之后他开始经营"永兴隆"，主要买卖陶瓷和其他中国货物。对于古巴华人文化，他也很有贡献。何秋兰年轻时演出的金鹰戏院，就是朱家兆投建的。他还向古巴引进中国电影，促进舞龙舞狮节目加入当地嘉年华活动。朱家兆很会处理各种复杂情况，他用他的强大意志和不懈努力，发挥了洪门的积极性。1927年他成为洪门的主要领导人，1931年任副主席，1942年任主席。朱家兆非常懂得如何处理与各党派之间的关系，特别是国共两党之间。他所带领的古巴民治党在二战期间为中国抗日战争做出许多贡献，包括数以百万美元计的捐款。他还努力将唐人文化融入古巴社会，推动古巴国家建设，后来还担任了中华总会馆主席。朱家兆1964年在中国去世，他毕生的努力得到两国华人的肯定和尊重。最后，他的骨灰一半留在中国，一半葬到了古巴。

古巴洪门致力于团结华侨华人，促进与祖国的友好关系，从支持辛亥革命到支持抗日战争，甚至国内洪灾等，古巴洪门都组织了捐款等公开活动。古巴洪门有不同于北美其他洪门组织的地方，就是不包庇黄、赌、毒，虽然也有老侨打麻将、天九。当然，一个社会组织，不能公开的秘密包括帮派堂口争斗以及私人恩怨，都要摆平。古巴洪门至今仍然重视兴办华侨福利事业，过年过节、舞龙舞狮、关公华诞、观音诞等嘉年华活动，给予华侨文化认同。哈瓦那和圣地亚哥还设有外地会员客房、老侨养生房，提供会员免费午餐和儿童节庆典等活动。

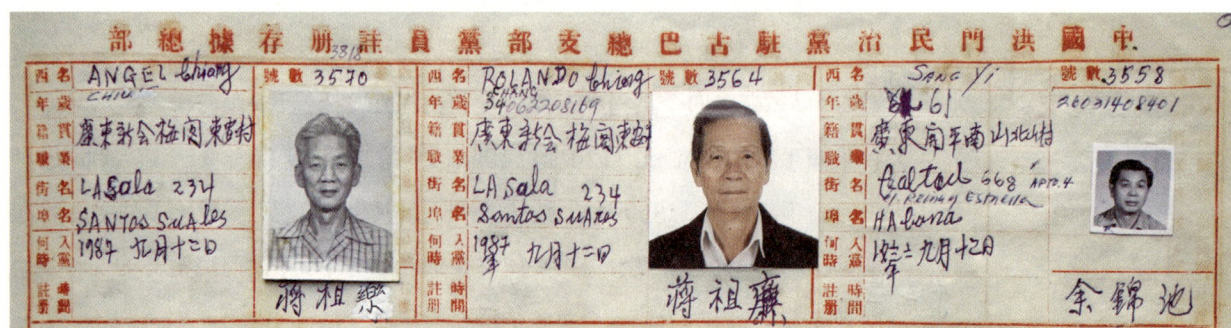

中国洪门民治党驻古巴总支部党员注册存据总部，里面有蒋祖乐、蒋祖廉两人的登记资料

1948年洪门民治党舞狮队合照

2017年洪门民治党庆祝儿童节舞狮表演

洪门秘典《锦囊传》

自2009年"见识"了《海底》，发现在网上有不少关于这类的文章和图片，从缅甸中部小镇腊戌到沃洲金矿小镇Bendingo，从加拿大和美国洛基山脉矿镇，至美国南部沙漠城Tuscon等，都有洪门，只是版本先后，山头不同，符咒、茶式和人物图片有异，内容却颇为一致。还有一位德国策展人朋友传给我两三页非常简单粗糙的版本，是18世纪荷兰印尼军警从唐人街缴出的，后辗转去了欧洲其他国家。

2017年1月我第四次到古巴，目标之一是要找洪门秘典——《海底》，也叫《会簿》《金不换》《衫仔》等。几经查访，不断被忽悠，遇上当时洪门130周年庆典太忙、言语不通、主管放假没锁匙等各种理由，结果全盘失败，没有找到。同年4月再战，"粮草先行"——朱古力、香水、腊肠、茶叶、话梅、陈皮梅、清凉油，还有香港雷竞璇教授的《末路遗民》20本……在洪门办公室几乎都是混血鬼佬鬼婆，我带着礼物见"鬼"就派。不久，磨转动了。主管"藏经阁"的Nancy找来一位能说一点普通话的年轻混血Carlos，递了锁匙，说让我们两个自己找。原来，"藏经阁"就在洪门二楼，何秋兰住处的楼下，每次来探望她时都经过，却全然不知。

"藏经阁"的大木门很久没开过，一开就尘土扑面。里面一箱一箱的书、文件、银行存折，堆到半腰高。我看到一叠医书，揭开第一页就是：花柳食方！若看官有用，贵随尊便。瞎找一轮，两人满头大汗，也没找到。稍微冷静下来，思考另一可能存放的地方——背后门旁有个三格铁文件柜。拉开第一格，放得密密麻麻，但不乱，找到一个黄纸包，打开一看，字条上写着"蒋祖乐"，下边是《锦囊传》。就是它了！虽然名字又不一样，但它在老龙头蒋祖乐的名下，一样具有"龙头秘典"的江湖地位。真是可惜我当年有眼不识泰山，不知道蒋祖乐先生身份，没有做任何访问。其他的宝物，如古老的中医药藏书，其实在古巴已经没有懂中文的华裔能看懂了，我也不碰了。拿到《锦囊传》，将它详细拍摄下来后，交回办事处时，只见值班的华裔随意放在柜内。我希望它现在仍然完好。

《锦囊传》第一页上有三个我看不懂的字——藄飍岃。温哥华的Thomas Wong先生为我研究解读。他认为创立于1762年的"天地会"是反清复明的秘密社团，容易遭到追查，便将"青氣"二字合成"藄"字，代表"天"；将"黑

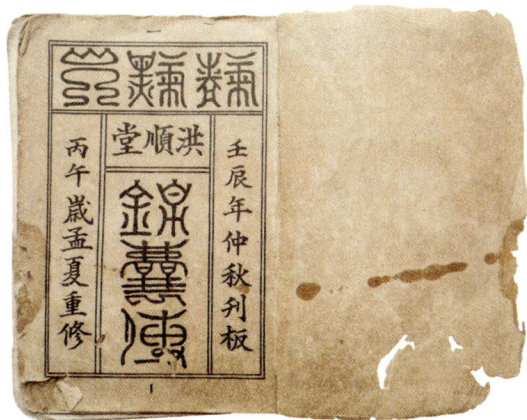

洪顺堂《锦囊传》壬辰年仲秋(1892)刊版,丙午岁(1906)
孟夏重修;最上面三个异体字是"天地会"

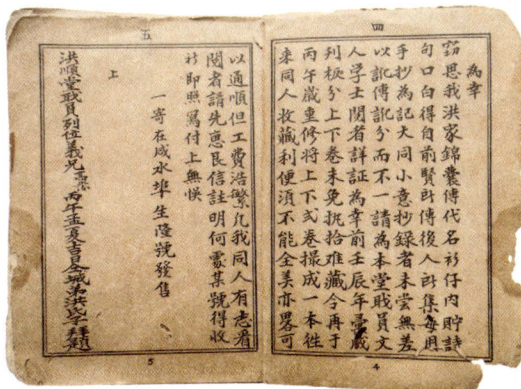

《锦囊传》第四页"为幸窃思我洪家《锦囊传》代名《衫
仔》";第五页一条有意思的注解说明可以在温哥华的咸水
埠生隆号邮购

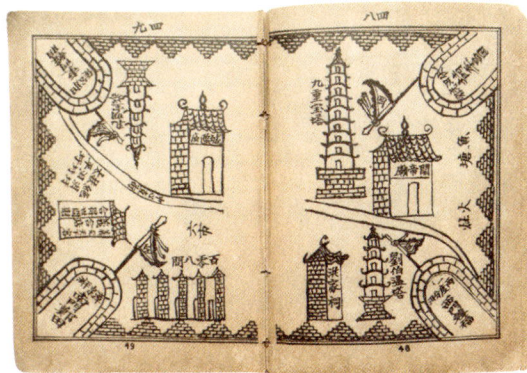

《锦囊传》里的木杨城图

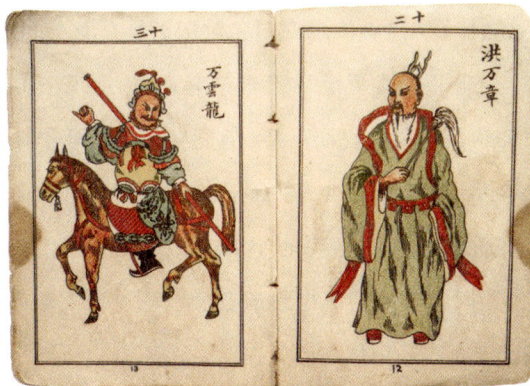

《锦囊传》中的人物画像,传说万云龙是郑成功的化名

《锦囊传》里出现的陈近南画像

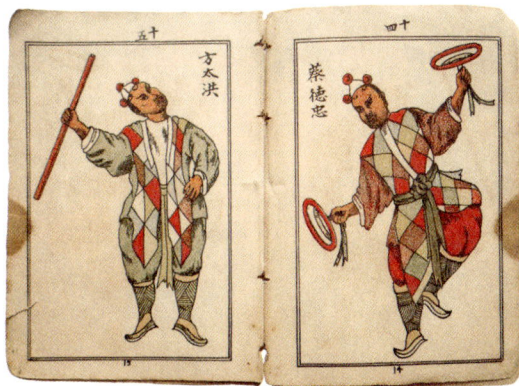

《锦囊传》中洪门五祖之方太洪、蔡德忠画像

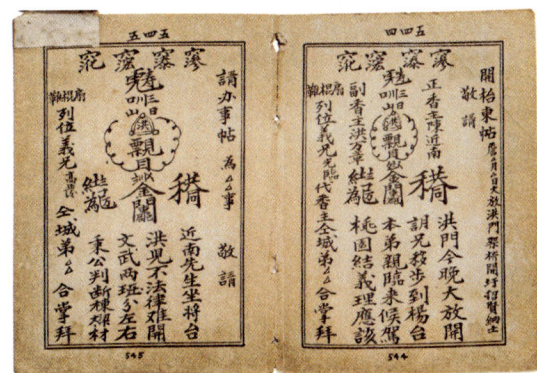

《锦囊传》中有各式请帖格式

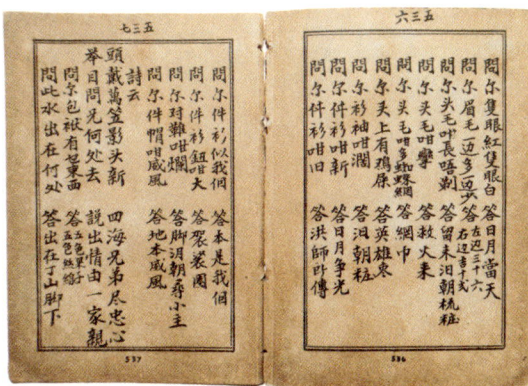

《锦囊传》中的洪门密语

氣"二字合成"黖"字,代表"地";将"山乃"二字合成"屶"字,代表"会",借以掩人耳目,隐藏"天地会"的标识。

这本稀有的书没有封面,残旧易损,已被读到破旧,装订线形同虚设,书虫咬穿了很多页。它跟在圣地亚哥找到的版本不一样。秘典有很多不同版本,取决于不同地区不同政治社会的发展和需要。圣地亚哥洪顺堂的版本全是黑白,可能更早期,也更破旧。有一本还用铁丝重新装订过,书上没有首领和英雄的插图,页数较少,只用黑白石版印刷,不过从191页到220页和从533页到543页主要的文字内容基本相同,木杨城的建城细节也相同。

《锦囊传》中建城的示意图和洪门五祖在图上的服饰在我眼中很像"小丑"的服饰。这些人物类似流行于全东南亚的,出现于神魂仪式、殡葬仪式和民间仪式上的道教巫师和民间巫师,他们在人类学研究中很有价值。从各种护身符和各种文字,可以推断洪门的架构大都沿用了道教的惯例。有一页画像是陈近南,听闻他是一个有声望的学者,郑成功的战略顾问,画像中从衣着可见是个道士。当时郑成功的流亡政府驻守台湾以抵抗清朝占领南中国海岸。此剧情也出现于《鹿鼎记》中。

值得注意的是,很多暗号般的问答都出现了如"唔"字和"咁"字等粤语口语。粤语作为广东方言虽有变化,但西到广西南至越南都在广泛使用。

哈瓦那最后一位唐人老龙头

好像冥冥中自有安排，我第一天到古巴的时候，懵懵懂懂闯入了哈瓦那洪门民治党楼内，带我上三楼总堂拜洪门五祖的，就是当时的洪门主席李炽然。那时我什么都不懂，却拜对了码头。我拍了到古巴后的第一张关公照，捐了20美金。

过几天，在《光华报》报馆门口告诉我"里面有个女人会唱粤剧"的，是当时《光华报》副主编蒋祖廉。认识何秋兰之后，他继而介绍更老的总编、他的堂兄蒋祖乐，数年后才知道他们全是洪门会员。蒋祖乐住附近，我跟他回家，他家在唐人街至德会馆餐厅的三楼，只有一个房间。这位独居老人90岁了，看着一碟剩下的饭，我便告辞。谁知道，我有眼无珠，蒋祖乐曾经是古巴洪门主席，待我后来了解，他已去世。随着他与李炽然两位老龙头的离世，他的堂弟蒋祖廉担任了主席。

蒋祖廉（Rolando Chiang），广东新会人，以前做过斩蔗工作，开过商店。我们认识时他是《光华报》的副编辑。当时《光华报》每月只印一份，两页纸，一半是西文，工作量不大。但是，我认识他的时候，在排字间埋头苦干、拣铅字粒、排版和印刷的是赵文立，洗擦铅字粒的是何秋兰，感觉蒋祖廉常常没事干，就站在报馆门口望街。后来，报馆楼顶水泥破裂严重，大块大块的天花板掉下来，几十年的《光华报》寿终正寝，也就连报馆都不用去了。

哈瓦那洪门民治党楼内关公神坛。2009年我第一次到古巴，时任洪门龙头李炽然领我祭拜了关公

洪门老龙头蒋祖乐在自己家中

古巴洪门现任龙头蒋祖廉在《光华报》馆的排字间

蒋祖乐家中一角，有北京灵芝补酒

蒋祖廉是目前古巴唐人中少数能胜任龙头主席的人。他认识中文，行动自如，精神矍铄。其实，现在的洪门民治党已由第二代华裔掌管，主席只是个公关门面，没什么事要办，重要的事不需找他。但有个唐人会讲唐话，愿意被拍照，用于欢迎讲广东话的游客，会比较容易获得捐款。

在港产古惑仔影片中，洪门老大都是"捞得好掂"、有"马仔"侍奉、住处豪华的权威人物。蒋先生现在80多岁了，却平凡得像我一样，不烟不酒，每周一至五，坐4比索一程的公车，全程45分钟，早上九点前必到"堂口"，下午三点后回家。我有次没事找事地跟着他回家，坐的士行驶二十分钟来到住宅区，他示意面前有两大条柱的一层楼宇就是他家，上边两角有西班牙徽章盾牌标志，跟其他典型古巴楼宇一样破旧。

他的家一点都不华丽，沙发颜色设计和何秋兰家的一样，只是还没到需要缝补的地步。打扮年轻的太太和孙子们喜欢摆造型拍照。他家厨房比较脏乱，但一家人从未挨饿过。蒋先生的退休金是10CUC（250比索），比我想象的少。洪门主席这位置真的只是个门面，没有工资酬劳，车费自付，但他就是坚持要每天去看看，是心中的一份责任，不是假扮忙碌。

世界时移，如今的古巴洪门一点不像黑帮电影那样威风，只是一代代海外侨民相互关照的组织，组织华人传统文化活动，应着节气举办一些庆典，勉强将中华文化传承下去。龙头老大也不是电影里那样"手起刀落"的风云人物，而是慈眉善目的老人家，一位实实在在的唐人义工，而洪门只是龙头的一个去处。随着华人社会在古巴的逐渐萎缩，他很可能成为哈瓦那最后一位唐人老龙头。●

蒋祖廉家外景

蒋祖廉在家中

大萨瓜中华会馆，门额上写着1880—1928

11　　中华总会馆：
国民外交，善善从长

2009年4月28日，我第一次到古巴大萨瓜中华会馆，是为了寻找黄宝世先生遗骨。听说他生前是大萨瓜中华会馆主席，去世前寄宿在中华会馆很长时间。可惜，等我到访的时候，中华会馆早已人去楼空，一副久年失修的模样。

同年7月，我第二次去大萨瓜，终于找到黄宝世先生的遗骨，还认识了现任中华会馆主席Mario Wong Alemen，他没有中文名，是一位不认识中文也不会讲唐话的第二代混血华裔。他在中华会馆似乎已没有任何相关工作，而且他说的话我几乎一句都听不懂。但是我在他家发现了一个很有意思的装置，是一个有基座的三层塔模型。蓝色塔身，褐色塔顶，材质都是金属。这装置初看有点眼熟，却说不清在哪里见过。后来看见一小盒清凉油，终于明白。Mario Wong告诉我，1985年，一位姓关的老唐人送给他一盒清凉油，这个"塔"是他照着盒子上天坛的模样做的！

这"小天坛"的第一层是可以打开的，里面放着清水等，如同其他古巴唐人家中祭台上摆放的物件一样，供奉着祖先。在"小天坛"的上端，制作了一幅蓝天白云飞鸟的背景画，摆放着关公神像，还配了关刀。上面的中文对联竟然写着"劬劳未报，魂兮归来"。原来他制作了一个招魂塔！听说招魂还需要敲锣，所以他在旁边又制作了一个配有支架的小锣。那副对联，是感激父母养育之恩的话，他不认识中文，想必《楚辞·招魂》也不曾读过吧。在他依样画葫芦的中文里，留存着如今中国本土社会已经缺失了的传统文化。

原来Mario Wong小的时候，父亲和他讲过《三国演义》的故事。他是我所遇见的古巴唐人中唯一讲得清孔明等三国人物故事的人，虽然他不懂中文，也

大萨瓜中华会馆的大堂，房间内原是秘书室，现已空置

大萨瓜中华会馆的厨房，灶台已荒弃多年

从老照片中可见中华会馆曾经的辉煌

Mario Wong Alemen手作天坛招魂塔

清凉油盒子上的天坛图画，启发了Mario Wong Alemen

Mario Wong Alemen父亲的画像和关公西文简介。他父亲的牌位摆放在刘备（LAO PEI）和张飞（CHIONG FEI）中间

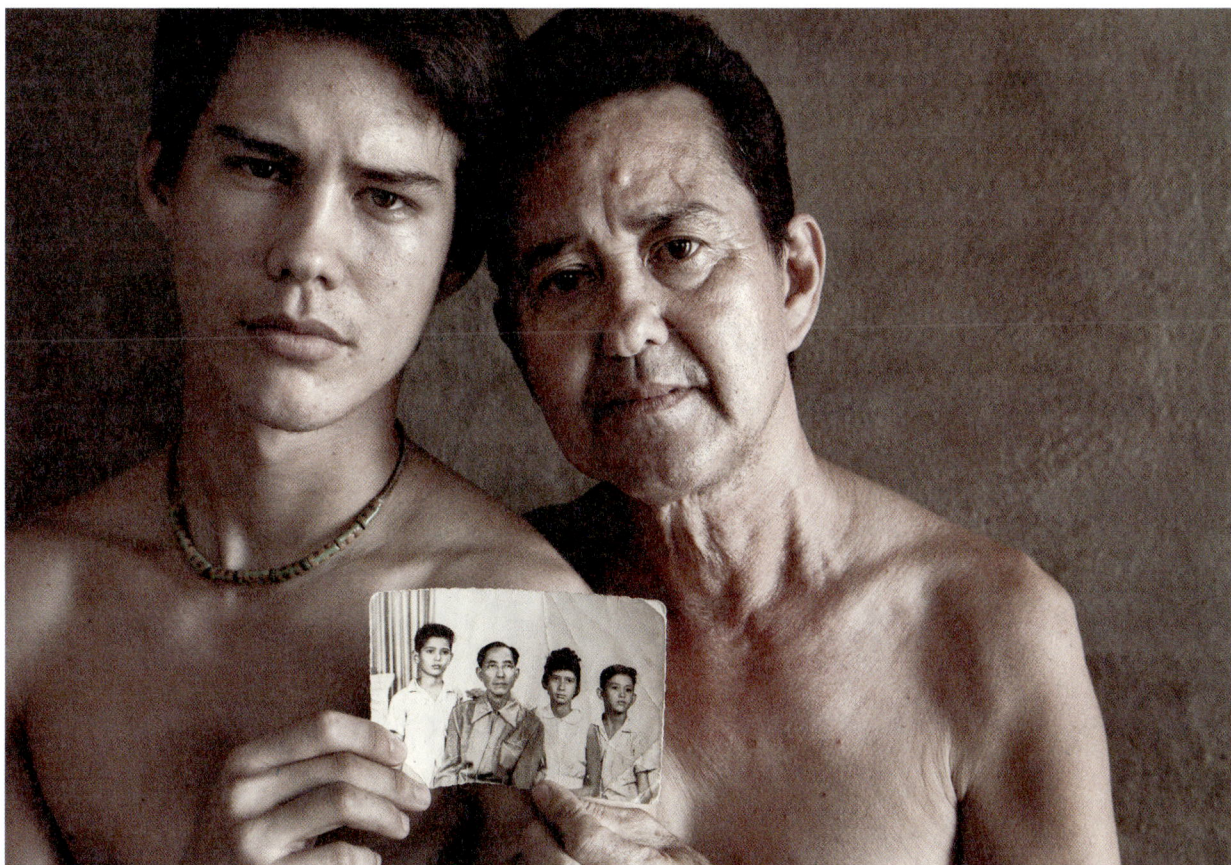

现任大萨瓜中华会馆主席Mario Wong Alemen和他的儿子，手执他年轻时拍的全家福

从未到过中国。他在"小天坛"上敬奉关公，却把写着他父亲名字"Enrique Wong Chang"的牌位，敬奉在刘备（LAO PEI）和张飞（CHIONG FEI）中间。他说是他父亲让他来到这个世上，所以他要把父亲和"桃园结义"三兄弟拉在一起。在他父亲的牌位下，敬奉着他的母亲和圣芭芭拉女神。可见这两位神明在古巴唐人心中的位置。

哈瓦那的中华总会馆里也供奉着关公，我拍了关公神坛，但没有采访到现任主席。如今的中华总会馆，和过去差别很大。

中华总会馆源起于美国旧金山，1849年七百多旅美华侨集议聘请律师代表他们主持仲裁和顾问工作，以"中华公所"之名在旧金山华埠购置房舍，迎接并安置新移民。后几经重组改名，与三邑会馆、冈州会馆、阳和会馆、人和会馆、宁阳会馆、合和会馆、肇庆会馆一起组成中华会馆。在羸弱的清政府自顾不暇，更无法顾及海外移民的时候，起着保护华侨、抵御排华的作用。1878年，清政府派出驻美公使和驻旧金山领事，中华会馆为突出作为全体侨胞代表机构的地位，改称中华总会馆。

中华总会馆里的关公神坛

哈瓦那中华总会馆旧牌匾，"钦差出使美日秘国大臣二品顶戴翰林院侍读崔国因题"，落款章是辛酉年（1861）

哈瓦那中华总会馆大堂

中华总会馆内部，墙上是职员表

哈瓦那中华总会馆成立于1893年，是古巴华人华侨社会最高公共机关。上文提到古巴酝酿独立战争期间，清政府派陈兰彬专员组织"调查委员会"做出古巴华工调查报告。陈兰彬此行虽未解决古巴契约华工的现实问题，但其积极影响是以官方立场终止了苦力贸易，并派遣官员进驻古巴。1902年，清政府驻古巴总领事谭乾初组织筹款四万余美金，为中华总会馆购地盖楼，1903年3月10日开幕。中华总会馆的职能包括对外和对内两项："对外则外交上之斡旋，对内则侨居与侨务之设施及筹措，善善从长，尽其范围内之权责以行之耳。"对外，中华总会馆代表整个华侨华人社会的利益，施行"国民外交"等。对内负责华侨华人的慈善、福利、文化、教育等公共事务。总会馆正副主席和财政职务都有较高的社会威望和实际权力，由全岛华人选举产生，总领馆行使监督责任。经费主要来自帮侨胞办理出入古巴的"回头纸、出港费"以及华人华侨捐款，也有一部分收入来自会馆屋舍租赁。在二战前经济好的时代，中华总会馆收支尚宽裕。

中华总会馆附设包括中华总义山和颐侨院，管理中华国药店、光华书店、中华武术馆等，《光华报》后来也归属其下。过去，中华药店是有中医坐诊的，问诊和买药材的不只是中国人，还有古巴人、日本人、朝鲜人、越南人等。1960年，古巴政府实现对外贸易统一采购，华人华侨失去了进口国货的自由营运权，中华药店的中药材严重缺乏。直至2009年，我所见的中华药店已经破落，白蚁丛生。从它的匾额"中华总会馆公营药店"中，也可以窥见它曾被改造的痕迹。

中华药店已人去楼空，现在的匾额上写着"中华总会馆公营药店"

中华药店一角

药格中残存的过期中药

中华义山由谭乾初经手创建，主要安葬先侨遗骨。"中华义山专为华侨百年后安葬之所，有义地有租地。义地每三年起掘，租地八年或十五年为期，期满可续，租每穴收租金十五至廿元。"[1]即是说，崇尚入土为安的华侨先人，去世之后可免费安葬三年，到期可续租。但义山有限，如到期未缴租金，就会起掘遗骨，起掘出来的遗骨会登报公布先友姓名与家庭住址，由各姓氏团体领走。后由于抗日战争打响，侨民回国受阻，中华总会馆收入锐减。1960年中华总会馆被古巴革命政府接管。1967年，中华义山被古巴政府收归国有，管理仍归中华总会馆。随着华人社会凋零，老唐人自顾无暇，新一代华裔也无法照顾先友福祉，起掘的成堆尸骨无人认收，进一步解释了我在大萨瓜中华义山所见皑皑白骨无人收的情形。

颐侨院里去世的老人聂金兰的房门

原为安顿在古巴的60岁以上贫苦无依的老侨，于1915年在哈瓦那郊外的雷格拉（Regla）斥资3.35万余美元创办的中华颐侨院，到了20世纪下半叶已经很难维持，屋舍失修，一度依靠政府救济。据《融入与疏离：华侨华人在古巴》书中记述，从中华总会馆1967年8月进支记录可见，已无古巴卫生部拨付的经费。我去过哈瓦那颐侨院，与里面几位老人家有过交往。以前五十多个房间住满老侨，古巴政府会供应基本的食物和药品。我到访的时候，那里剩下不到十位，这些年有些老人去世了，又有新的住进去。我所见也不过五位唐人。以前不接收女性，后来来了一位混血女华裔Emma Wong，也和其他人相处融洽。老人们更喜欢去龙冈公所的老人之家参加娱乐活动，那儿没人管束，更自由。

虽然维持不易，但在我开启拍摄古巴唐人这十年间，中华总会馆依然致力于丰富唐人文化生活，组织清明节扫墓、筹办老人节捐款、举办舞狮等文化活动。●

---

[1] 刘委员志轩：《古巴侨情报告（二）》，《华文商报》，1949年1月6日。

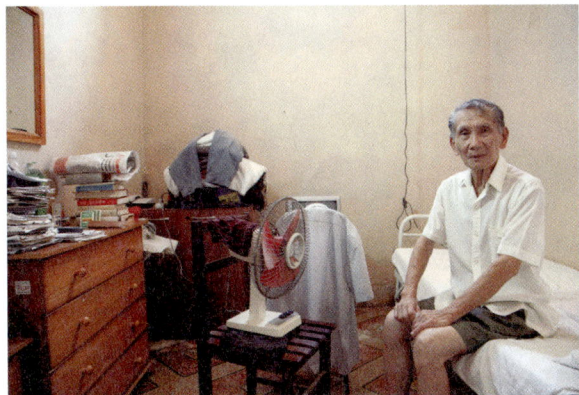

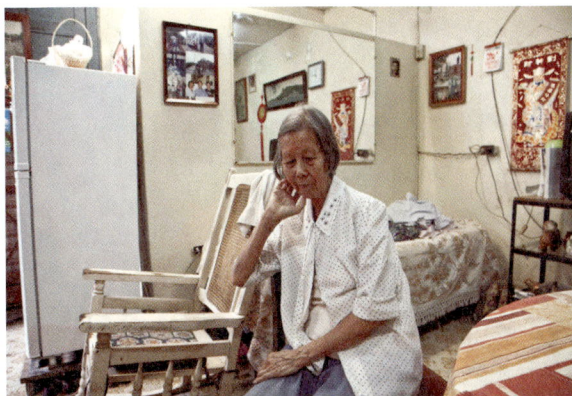

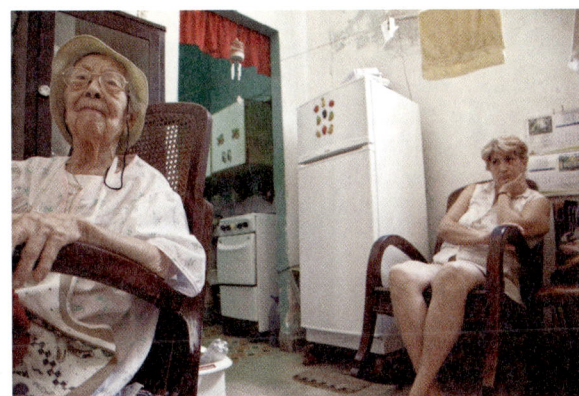

颐侨院里的老唐人

中华武术馆

中华武术馆里的舞龙道具

清明节扫墓

清明节何秋兰在洪门致公党先昆仲公坟前祭拜

吴帝胄家全景。屋顶遭龙卷风破坏，壁画也如是

12   "我们把中华人民共和国国旗
插到了中华会馆的楼上"

1959年古巴掀起革命，27岁的吴帝胄热血方刚，他拿着卡斯特罗政府发来的"委任书"，组织起50位和他一样有着革命热血的古巴唐人，成立了民兵队，穿着天蓝色衬衫、橄榄绿长裤，戴着黑色贝雷帽，手持二战时期德国老步枪，用广东话发号施令！他们将胡德、赖华这些参加过19世纪古巴独立战争，并在战争中取得显赫战功的唐人芒比拜为英雄偶像，认为自己就是革命家的后代！他们这支武装队伍以"自由战士黄淘白"之名，称为"黄淘白民兵队"（Jose Wong Brigade）。在新中国成立11周年的时候，"我们把中华人民共和国国旗插到了中华会馆的楼上！"吴帝胄说，"我们成了一支维护革命秩序的力量，成功取缔了唐人街妓院、赌场和烟馆。"

从加入国安部，到成为革命武装力量，满腔热情地为推动古巴社会进程而努力的青年吴帝胄，一定没有想到之后古巴的国家政策会给旅古华人带来那么大的打击。到了老年，他一样只能依赖微薄的退休金，大概相当于从家往返医院一次的打车费那么少。与他共度半个多世纪的爱妻Belkis罹患癌症，受病痛折磨，既无法忍受辗转公交的痛苦，也没有消费得起往返打车的能力，终究无法享用古巴的免费医疗福利。我问过吴帝胄为什么不去美国，他说他的朋友去了之后告诉他，美国根本不像传说中那么好，钱也没那么容易挣！我想，或许真正的原因是他从来也没有想过要离开古巴，坚定得和他从骨子里认为自己是中国人是一样的！

吴帝胄，古巴名字Pedro Eng Herrera，是中西混血华裔，1933年1月15日生于古巴北部海边小港口埠Remedios。他的父亲吴国祥（Guillermo Eng），是广东新会人，母亲Elvira Herrera是当年西班牙新移民，他原本还有两个姐姐。吴帝胄18个月大的时候，母亲患天花去世，两个姐姐数年后相继夭折，父亲没有再婚，旅古之前在乡下已有妻室。

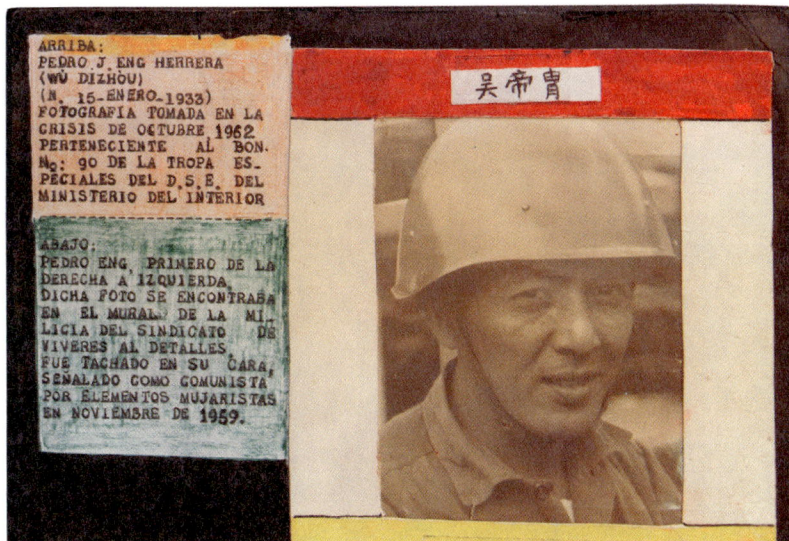

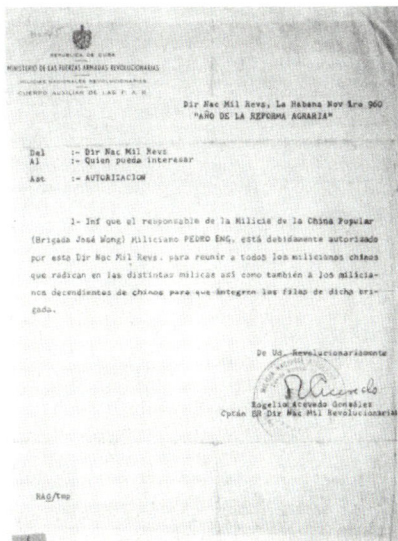

吴帝胄保存着市政管理局1960年发给"黄淘白民兵队"的文件

吴帝胄1962年参加革命武装时的照片

右一是青年吴帝胄。1959年他是零售商会工人武装的副队长，他脸上的x是右翼分子划的，标记吴帝胄是一个共产主义者

吴帝胄的父亲吴国祥在中国的妻子和孩子

吴国祥晚年回到广州之后在广州工农兵照相馆拍的全家福

144

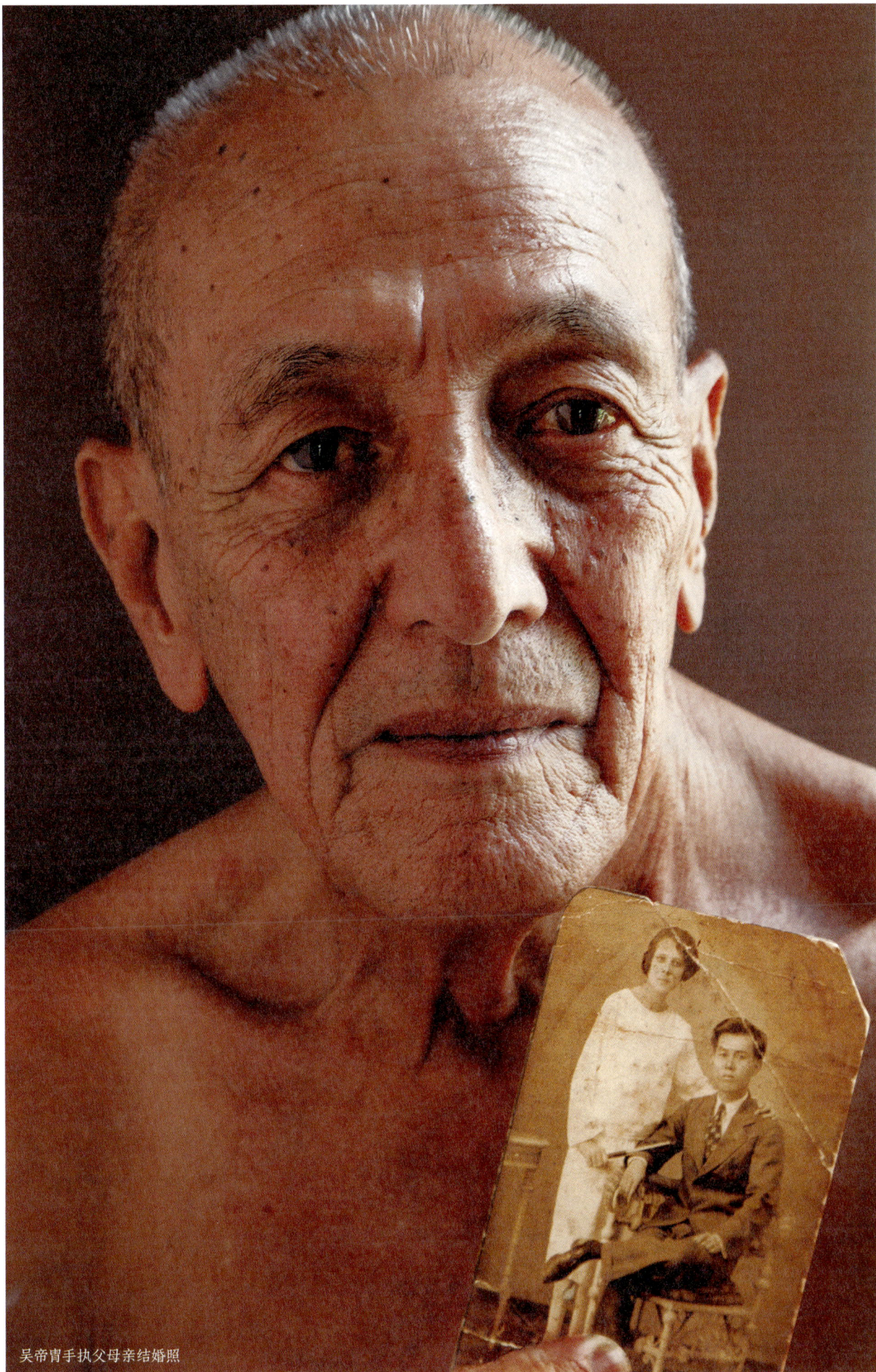

吴帝胄手执父母亲结婚照

吴帝胄的父亲吴国祥，1890年出生于新会文楼，因乡里叔伯的关系，从广东新会来到古巴。他在古巴的妻子去世后，他带着儿子来到哈瓦那，开始了记者生涯，为《华民商报》写社会评论专栏。他同时经营过多种生意，比如杂货铺、水果摊、雪糕店、鱼档、餐馆、菜园，甚至赌档。后来唐人渐少，多数华文报纸经营不下去，《华民商报》也在其中。吴国祥转行卖彩票，整天在太平洋酒楼以赌为生。1973年回到中国，在中国终老。吴帝胄说他父亲心中有家乡，为了回家保留着中国身份，一直不愿入古巴籍。

吴帝胄从小在唐人街长大，5岁之前只会说广东话，5岁后到中华双语学校，开始学西班牙语。他的父亲喜欢打麻将，打到饭都不吃，每到饭点就让儿子自己到太平洋酒楼，吃完记账，甚至太平洋酒楼里都有吴帝胄自己的碗筷。但是他不准儿子抽烟赌博，这倒是养成了吴帝胄独立的性格和良好的价值观。父亲给他取名"帝胄"，意思是"皇帝的铠甲"，似乎这个霸气的名字注定了吴帝胄不甘于默默无闻的一生。少年吴帝胄加入了国民党三民主义青年团，还加入了乐队，能简单编一些乐曲。17岁的时候，他离开嗜赌成性的父亲，独自到唐人街以外的地方闯荡，在餐厅和食品批发部工作过，后来加入国家安全部。1959年古巴革命时期，吴帝胄和其他左翼古巴唐人一起加入古巴华侨新民主同盟，在工人运动中非常活跃。

由于吴帝胄了解古巴独立战争历史，我在2017年带着自己"研制"的革命军路线图，邀请他做我的向导，重走古巴独立战争遗址，途经他的出生地Remedios，目标是Trocha de Jucaro a Maoron战壕，就是我自制地图中绿色的那一部分。

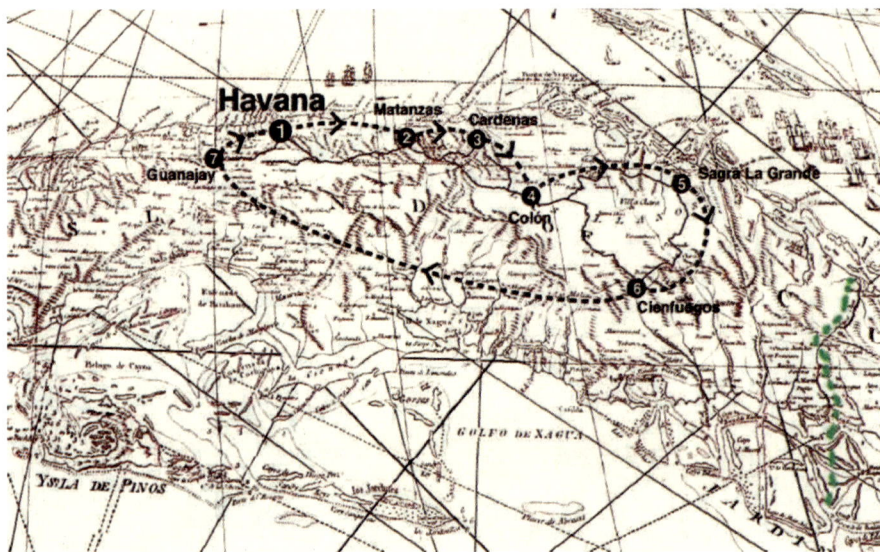

刘博智自制革命军路线图

如前文所述，独立战争的第一个十年，一部分起义军妥协之后，仍然有部分力量在坚持，这部分力量主要在离哈瓦那比较远的东部省份，古巴史上称为"小战争"时期。唐人芒比在这个时期至后面独立战争全面爆发阶段都表现出色。而我所寻找的这个战壕，原先是西班牙殖民政府要求种植园主修建的大型军事堡垒，由北至南，位于卡马圭省（Camaguey）与拉斯维拉斯省（Las Villas）交界，主要是为阻止东部奥连特省（Orient）及拉斯维拉斯地区的起义力量，以保护中部和西部的地区殖民地经济。为修战壕，当年种植园主投放了3000多华工，他们中的许多人加入了起义军。前文讲过的赖华上校就是来自奥连特省的唐人芒比，在戈麦斯将军麾下。戈麦斯和马塞奥带领着上千唐人芒比穿梭于战壕之间，破坏防御工事。在几千个华人战士中，有11个上尉，6个军士，6个中尉和2个指挥官。

然而，这些历史却鲜有记录。我们经过战壕最北的Moron小镇，已经没有唐人在那里生活，也没有革命纪念碑，有一块小牌子上写着这段历史，却丝毫没有提及唐人的贡献。吴帝胄看到后，流露出难过的表情。黄威雄带我去过一个独立战争纪念馆，里面有一块刻着在战争中逝世的义勇军姓名的铜碑，其中只有一个看似中文姓氏的Luis Wong，后面的标注是"亚洲人"。我真不知道这意思是中国人不值一提，还是说平等对待不同种族？

吴帝胄屋外壁画上对唐人芒比的记录

刘博智自制革命军路线图上的马坦萨斯如今的模样

刘博智自制革命军路线图上的马坦萨斯如今的模样

正在刘博智自制革命军路线图上战壕经过之处割草的老工人和坐在轮椅上的老婆

堡垒的断壁残垣，上面的枪眼清晰可见

圣地亚哥独立战争纪念馆里的中国人名，没有中文，只标注"亚洲人"

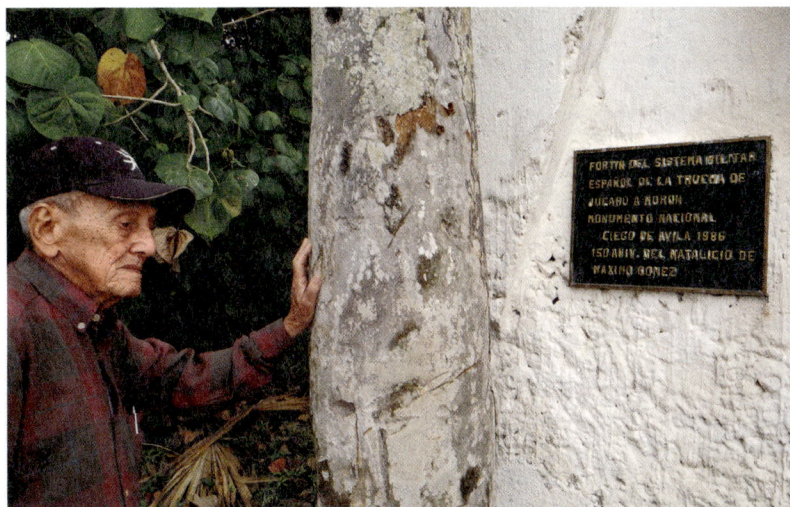

吴帝胄看见纪念古巴独立战争的碑文上没有记录华人的贡献，流露出不爽的神情

吴帝胄显然不能容忍这一点。他退休之后，和一位退休外交官加西亚（Mauro García Triana）一起，撰写了一本名为《华人在古巴——1847年至今》（The Chinese in Cuba, 1847-Now）的书。他希望以此方式记录华人旅古不只是谋生，也为推动古巴社会发展做出过许多努力。吴帝胄一直认为，古巴社会文化包括三部分：欧洲文明、非洲文明和中国文明。他的这本书，正如学者们评价的，没有刻意粉饰革命，更多的笔墨用于华人在古巴独立战争中的贡献，以及1959年以前华人社区的繁华。书中详细统计了20世纪30年代古巴华区有多少餐馆、杂货店、洗衣房、水果店、药房、肉铺、理发店、咖啡馆、报馆、戏院、俱乐部等。如今破落的哈瓦那唐人街曾经繁华的模样，也只能在吴帝胄的书和绘画中体会了。

吴帝胄手绘哈瓦那华区地图，里面清晰标示了几乎所有唐人机构的位置

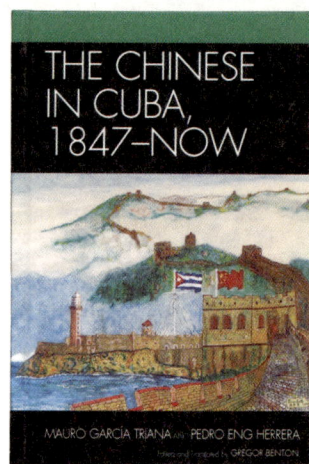

吴帝胄和加西亚合作出版的《华人住古巴——1847年至今》英文版

从吴帝胄的绘画中可以看出昔日华区的繁荣，图画中心是关公像，前景是舞狮等，后面还清晰可见金鹰戏院、龙冈公所、中华音乐研究社和他小时候常常去的太平洋酒楼

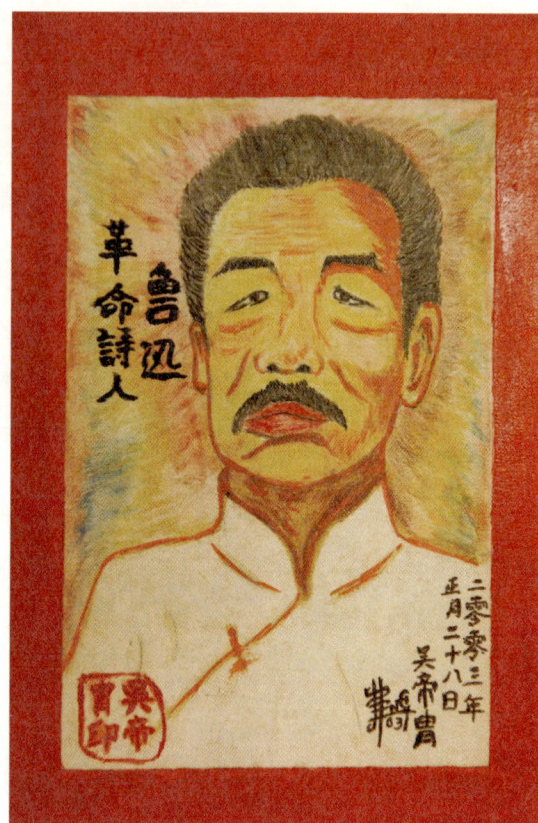

吴帝胄手绘胡德中校、鲁迅、孙中山、宋庆龄人像，可见他心底的革命热情

吴帝胄手绘中华总义山大门

吴帝胄手绘清明扫墓

153

我去他家访问的时候，看到他手绘的古巴华区地图，他能说出那些地方都发生了什么故事，如数家珍。吴帝胄可以说是自学成才的艺术家，他后来致力于用绘画的形式表达心中对古巴和中国历史文化的理解。他画关公、圣芭芭拉、嫦娥、妈祖、观音、如来、何仙姑、孔子、安登、炎帝；画孙中山、宋庆龄、鲁迅、黄淘白、胡德，以及他小屋外面的"切格瓦拉"等革命历史题材壁画。老年的吴帝胄非常乐意和学生们分享这些故事。

我问吴帝胄为什么连非裔古巴人都知道关公呢？他说关公和他们的萨太里阿教（Santeria）的神很像，都是红色的，以前有很多古巴人拜关公和圣芭芭拉女神。确实，在我所见识的古巴唐人家中，这两位不同宗教文化的神，经常同时出现在祭台上。我曾经路过一位非裔古巴人Francisca Ariistiga Najarro家门口，发现屋子里有光亮招引着我，经过一番沟通，进去才知道，她家正对门的位置上悬挂着关公像。我问她画像由来，她说她的父亲和唐人一起参加过独立战争，见唐人每次出征都拜关公，唐人神勇昭然，所以他们也信关公的神力。她悬挂的关公画像就是父亲留给她的，后来Francisca去世，把关公画像传给了她的侄女。

吴帝胄的妻子Belkis，姓黄，是中巴混血儿，他们一起幸福地生活了60年，生育一儿一女。吴帝胄和他的儿子有哮喘病，用他的话说是"扯气"（地道老广用词），于是他们50年前就从空气污染的哈瓦那搬到附近一个叫Guanabacoa的小镇上，就是照片中画满壁画的小房子——2017年经历了飓风，壁画破坏了不少，我们凑了一些钱让他修房子。准备了两年，在物资缺乏的古巴却连材料都没能买齐，就又遇见了2019年的一场龙卷风，连屋顶都刮坏了。

吴帝胄的儿子吴仕华是个医生，行医数年，终究还是因哮喘病去世。妻子Belkis于2013年前去世。现在他已年近90，女儿丽蝉（Laysim）和她丈夫，还有已成年的孙子都搬到他家一起住，方便照顾他。●

非裔古巴人Francisca Ariistiga Najarro家中悬挂着父亲留给她的
关公画像

吴帝胄和他的妻子、女儿、女婿

吴帝胄画在家门口的切格瓦拉像

赵文立在天花板已经塌下的《光华报》馆内，背后的字粒已经尘封

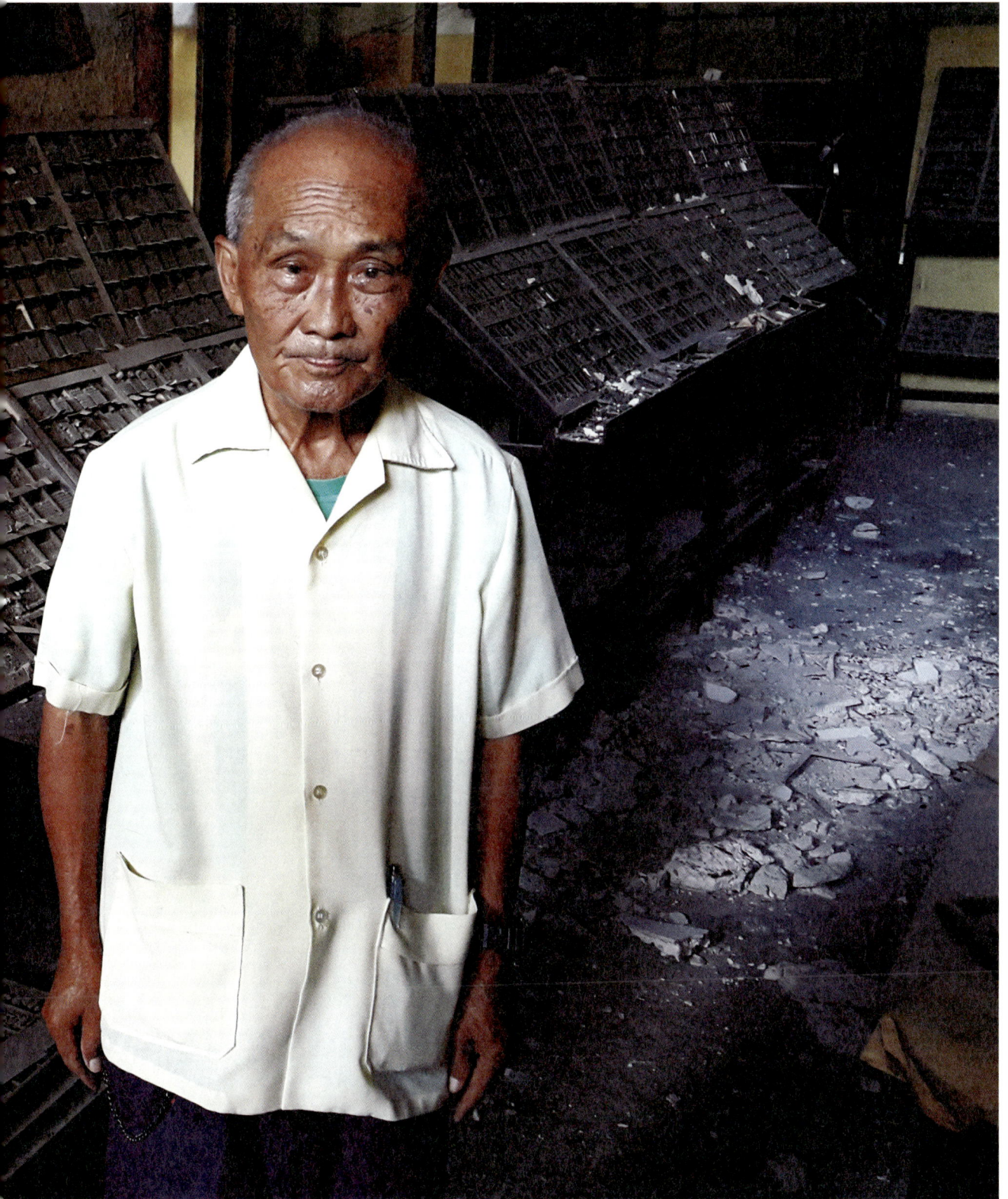

13　《光华报》和它的最后一位主编

《光华报》始末

20世纪上半叶，古巴有好几种华文报刊，如1911年创刊的《民声周刊》《古巴中华总商会月刊》《联合月刊》等，甚至一度同时拥有三份日报：一份是《民声日报》（1921—1959），国民党的机关报；一份是《开明公报》（1922—1969），洪门民治党机关报；还有一份《华文商报》，1917年创刊，前身为1902年在哈瓦那创刊的《华文日报》。然而，20世纪60年代以后还在继续出版的华文报纸，就只剩《光华报》了。

《光华报》是古巴最后一份华文报纸，它的诞生与发展有一个曲折的过程，中间也经历过几次关停。此前有学者记录它的前身是《工农呼声》和《救国周刊》，从《华人在古巴——1847年至今》看，这两份报纸与《光华报》在政治立场上有关系，下文根据书中的记录整理了《光华报》创刊始末。《光华报》存在的几个时期：1950—1952，1960—1961，1961—1968，1969—1982，2006—2017。而我拍摄古巴唐人的这十年里，见证过报馆的运作，印刷出油墨深浅不一的报纸，2017年目睹报馆连天花板都塌了下来。

前文提及华人移入古巴的四波浪潮，其中第三波是第一次世界大战前后（1916—1925）。这个时候，中华大地正发生着巨大的变化，清政府被推翻，中华民国建立，孙中山、三民主义、国民党、马克思主义、共产党、国共统一战线、北伐战争……纷纷登上了历史舞台，而这些也随着新移民来到了古巴华人社会。其中，包括一位叫黄淘白（Jose Wong）的广东人，他是古巴早期的马克思主义者之一，也是殉道者。

1925年，古巴华侨建立了"反帝国主义联盟"，时值国共统一战线期间，激励着远在古巴的华人革命者的革命热情。随着国共关系破裂，1928年，古巴华侨建立了"美洲华侨拥护工农革命大同盟"。黄淘白在20年代初来到古巴，以推车卖菜为生，并在《开明公报》做排版。他创办了《工农呼声》，这是"大同盟"的机关报，宣传民主革命思想。那时候的"大同盟"是民族民主性质的组织，不是共产主义的组织，它的领导者也不是共产党，而是国民党的左派。1930年，黄淘白被捕入狱，在监狱中被杀害。黄淘白逝世后，"大同盟"经历了几次重组和更名，按时间顺序是：1930年—1940年，更名为"保护中国文化大同盟"；1940年—1945年，黄淘白的同道之一吕戈子Manuel Luis，联合其他几位主要领导人物李巨之（Luis Li）、莫右平（Juan Mok）、苏子伦（Julio Su Leng）等组织了"古巴华侨救国联盟"，并刊印《救国周报》；1946年—1951年，更名为"古巴华侨拥护民主大同盟"，因蒋介石政府败退台湾，该同盟不被承认，会员锐减至无法依靠会费维持而结束；1959年，古巴革命之后，"古巴华侨新民主同盟"建立，后更名为"古巴华侨社会主义同盟"。吕戈子任主席至1968年，苏子伦继任至1974年。

黄淘白被杀后，莫右平和苏子伦撤到了圣地亚哥，以经营面条厂为掩护，继续领导"大同盟"，并于1950年在圣地亚哥创办《光华报》。1959年古巴革命之后，将《光华报》迁至哈瓦那，莫右平任主编至1962年去世，苏子伦接任至1975年。他们在任期间，《光华报》的停刊与复刊，跟主编被捕有关，也或多或少与中苏关系、美苏冷战、苏联解体等复杂国际关系变化以及古巴的政策有关。另外，最重要的还有经费问题。1976年，《光华报》因运营困难，与洪门民治党机关报《开明公报》合刊，经济上受中华总会馆支持，合刊后仍保留《光华报》名，如前文关于"洪门民治党史略"那份报纸所言。我开启古巴唐人拍摄项目之后，认识了它的上两任主编蒋祖乐、蒋祖廉。

蒋祖廉在《光华报》馆办公室

JUAN MOK (Mò Yòupíng) 1888-1962 莫右平

Nació en Kai Ping, provincia de Guangdong, China, médico de la medicina tradicional, miembro de la Liga Antiimperialista de Cuba y militante del primer Partido Comunista de Cuba. Fundador de la Alianza Revolucionaria Protectora de Obreros y Campesinos Chinos de Cuba, en la década del 40 militó en el Partido Socialista Popular (P.S.P.).
Director fundador del periódico "China Resplandeciente" Kwong Wah Po (Guāng Huá Baò). En septiembre de 1951 fue asaltado dicha prensa por la Policía Nacional. Mok fue detenido con los trabajadores, acusados ser espías del comunismo chino.
Al siguiente día del ataque al cuartel Moncada en 1953, fue detenido por sospechoso. En 1958 por participar en la Huelga General fue preso en la carcel de Puerto Boniato, saliendo en libertad en enero de 1959.
Al triunfo de la Revolución se incorpora a la construcción del socialismo, siendo unos de los fundadores de la milicia Brigada José Wong. Al fallecer en 1962 su cadaver fue inhumado en el Cementerio de Colón en la boveda familiar del dirigente comunista Blas Roca Calderío.

莫茗平

1988 Juan Mok 1962

FOTO CORTESIA DE PEDRO ENG

李巨之

LÍ JÚZHĪ

LUIS LÍ

Al tener conocimiento el dictador Machado de las actividades revolucionarias desplegadas dentro de la colonia china, enardecido en su papel sanguinario, repatrió a DOS chinos, uno de ellos era Luis Li (Lí Júzhǐ) 李巨之, por el delito de ser comunistas para que fueran despedazados por los esbirros del Partido Nacionalista Chino- Guómíndǎng -. Los criminales propósitos machadistas no lograron cumplir su objetivo, ya que los DOS repatriados pudieron burlar la vigilancia y quedarse en Japón.

La Alianza Rev
golpe con la de
que la dirección
Cuba, para con
Yuòping) y Julio

C
Cu
FOTO

Fábrica de fideos "
de Mok y Compañia, s
da de Belgica e/ 4
Cuba. Era propiedad

Foto cotesía de Pec

吴帝胄收集的关于莫右平、李巨之、苏子伦的照片和资料
右中为《光华报》诞生地, 莫右平、苏子伦在圣地亚哥的面条厂旧址

SŪ ZĬLÚN
JULIO SU LENG

protectora de obreros y campesinos recibió un gran
e Luis Lí (Lí Jùzhǐ) y el asesinato de José Wong, por lo
sociación se traslada para la provincia de Santiago de
ha contra Machado bajo la dirección de Juan Mok (Mò
Sū Zǐlún).

calle San Agustín No. 813 en Santiago de
tilio de Juan Mok y de Julio Su Len.
PEDRO ENG

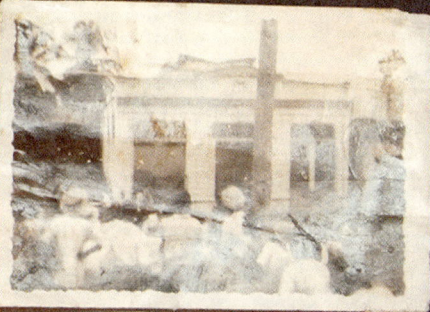

DE TRIGO
a Aveni-
tiago de
lanza.

ULTIMA FOTO DE JUAN MOK EN SU
OFICINA DEL PERIÓDICO KWONG WAH PO
EN EL AÑO 1962
FOTO: PEDRO ENG

吴帝胄收集的1962年莫右平在《光华报》任主编时的照片

161

最后一位主编赵文立

赵文立，原名赵肇商，广东新会古井人，西文名Guillermo，1933年出生，1952年"买假纸"（假身份）来古巴。读书时，先生给他取名文立，他一直沿用这个名字，唐人也都叫他文立。听说他有一个儿子在美国，一个女儿在古巴，但从来没有人见过，他也从不谈家庭。无论用西班牙语、广东话或新会话，和他沟通都很费劲，他和任何人讲话都会同时夹杂这三种语言。我认识他时，他已经有点耳背，说话气不够，声音时大时小，要听懂他的意思，需要很用心，外加一点想象力。

赵文立初到古巴时，在父亲的杂货店帮忙，后来到《华文商报》"执字粒"（传统印刷术中将一个个铅字粒排到版式里）。六十年代他参加过民兵队，和吴帝胄一起，将国民党和台湾的中国银行逐出唐人街。

后来他又做了保安和14年的交通警察，1976年因胃病辞职，到中华总会馆的药店和华侨社会主义同盟工作过，再之后因他有排版经验被邀到《光华报》做排版和校对。

2009年初见赵文立是在《光华报》排字间，我跟他上阁楼，看他拿一本中西字典，眯着眼在查翻译，手指上还有排版时残留的油渍。他没工夫招呼我，我就趁机在每个角落观察，发掘材料。《光华报》50年来，不管是主编，还是工作人员，都是退休的工人或小商人，大家都是半路出家，帮助《光华报》死死支撑，每月工资不到10比索。前任主编蒋祖乐步伐蹒跚，退下不久便去世，继任的蒋祖廉只能帮忙校对。赵文立在30年前就挑起《光华报》的重担，虽然他当时也已五十好几，照样是什么都要自己做，从排版印刷到调整印刷机，甚至连扫地也自己动手，一直到我认识他的时候都是这样。有一天晚上，快9点了，在唐人街遇见他，我用台山话问："吃饭了没？"其实这是广东人惯性的问候语，我也是不知不觉顺口溜了出来。他有点愕然，回答说："未哇，该时返屋企吃哇。"原来他还没吃饭，正要回家吃。他刚把新版《光华报》印好，准备明早派发各唐人社区，真是典型老广东实干派，一切包干到底。

《光华报》报馆的水泥天花顶下塌已不是新鲜事，每年台风都让文立提心吊胆。2017年赵文立得悉我来到古巴，马上拉我去看个究竟。一开门，地上的木条、大小水泥块、生锈的铁条，横七竖八，有如战场；铅字粒排框、印刷机、简

吴光明	吴帝胃	邓国旋	许悦仁
WÙ GUĀNGMÍNG	WÚ DÌZHÓU	DÈNG GUÓXUÀN	XǓ YUÈRÉN
JESUS ENG G.	PEDRO J.ENG H.	RUFINO ALAY	FERMIN HUIE LEY

吴进祥	李春来	赵文立	黄平芳
WÚ JÌNXIÁNG	LǏ CHŪNLÁI	ZHÀO WÉNLÌ	HUÁNG PÍNGFĀNG
FAUSTO ENG	FRANCISCO LI	GUILLERMO CHIU	MARIANO WONG

黄自拔	蒋子林	赵都	钟波平
HUÁNG ZÌBÓ	JIǍNG ZǏLÍN	ZHÀO YŪ	ZHŌNG BŌPÍNG
JOSE WONG	OSCAR CHIONG	ENRIQUE CHIU	IGNACIO CHONG

谢力举	陈炎铿	林维安	黄炳昌	黄树芳
XIÈ LÌJǓ	CHÉN YÁNZĒNG	LÍN ZHUÌĀN	HUÁNG BǏNGCHĀNG	HUÁNG SHÙFĀNG
ENRIQUE CHEA	MANUEL CHANG	MANUEL LIMA	JULIO WONG	VIRGILIO WON

吴帝胄收集的资料中，包括了他和赵文立参加民兵队时的证件照

163

赵文立在《光华报》馆

2011年,赵文立在看版,《光华报》已经因油墨不够而字迹模糊

2011年,《光华报》"古巴华侨协助为古巴独立战争而牺牲"的纪功碑八十周年大庆版

2009年《光华报》馆内局部。架子上是一盘盘铅字粒

2009年,《光华报》庆祝古巴革命胜利五十周年版印刷中

纸卷等上面全都盖着厚厚的尘土；只有阁楼后面的玻璃木柜内的铸字模盘子还完好。我和几个朋友决定把还没被毁的铸字模分三次运离。这让老爷子如释重负，毕竟，这里耗费了他大半生的心血。那年起，《光华报》就完全停刊了，后来我查到网上有几篇报道，说"2017年《光华报》被赠予一部电脑，会以现代技术重印"之类，而2019年2月我再访的时候，发现连招牌都被拆了！所谓"现代技术重印"应该是遥遥无期了。

2017年，《光华报》馆已经破败不堪

《光华报》报馆内收藏铸字模的玻璃柜

铸字模受玻璃柜保护而未被破坏

2017年，我在唐人街碰到赵文立要上银行办事，我跟着他去，那里很多人在排队，他竟然不用排队，保安对他很友善，事情很快就办完。我才知道他竟然是中华会馆的财务！原来，1960年，吕戈子组了一个七人委员会，负责改组中华总会馆，赵文立就是那七人之一。自那时起，他就担任中华总会馆财政职务。

在洪门民治党成立130周年纪念盛会上，我无意间介入到来哈瓦那寻找先人遗骨的林丽谊（Carrena Lam Chan）和赵文立的对话，才知道他还管理着中华总会馆全国老会员名册，名册里登记着会员们何时来古巴、何时入会以及何时去世，都有编号，与中华义庄地下骨盒上的数字是统一的。

一开始我并不知道这位看上去很平凡的老人家，竟担任着这么重要的职位。过去担任这些职位的人，在唐人心中都很有威望，也有实权。后来我也从来没问及他的过往，更不问他什么立场，我只觉得这单纯的老头太可爱，他是我在古巴唯一能寻开心的人，是可遇不可求的活宝。

前面说到的社会主义同盟，它的餐厅我去过好几次，2009年第一次到古巴就拍了照片，而且认识了现任社会主义同盟主席沈先莲（Mirtha San Echavarria），她同时也掌管着餐厅。其实我一直对那个地方感觉有点怕怕的，那位女主席不苟言笑，像慈禧太后一样。我第一次去的时候，餐厅里的一个房间除了摆着大肚佛，还挂着黄淘白的照片，2017年再去，发现照片已被取下。我那时还不知道黄淘白这些人物的历史，拍完照片也不敢多问，就离开了。

2017年，我请吴帝胄和赵文立去社会主义同盟餐厅吃饭，原来餐厅墙上"夜上海"三个字还是吴帝胄的杰作！这次女主席认得我了。其实我每次都很想问他们这个同盟主要做些什么，这次趁着请他们吃饭，我问了一些问题。

我问女主席兼老板娘沈先莲："为什么这么大的饭店没有客人？"
她说："生意不好，全唐人街餐厅都没有生意，买不到食材。"随后拿出几本《圣经》那么厚的账本，说："你们看，不管有没有生意，每月水电费都一百多美元。"

我问："社会主义联盟是什么时候成立的？"
沈先莲说："好像是1961年左右。"

我问:"它有什么政治信念吗?"

他们有点意外,吴帝胄回答说:"大约有160多个会员,以前每月开一次会。"

我问:"你们开会讨论些什么呢?"

吴帝胄说:"没讨论什么,那个时候经济困难,我们都想每个月开会时可以吃一餐不要钱的饭,没有政治的东西要聊。"

人都很现实,我笑到牙都快掉了!如释重负!两位老人家饱餐一顿,赵文立吃得特别开心。

《光华报》关了之后,赵文立住进了养老院。2017年我带了一袋粤语长片和功夫片给他,希望能给他和颐侨居的老唐人带来一些愉悦。2019年2月再去探望他们,我在老人院借找厕所之名,想要实地查看是否有播放设备,四下张望,听到电影的声音,推开门,看见赵文立正瞌睡得酣,便退了出来,没有打扰他。●

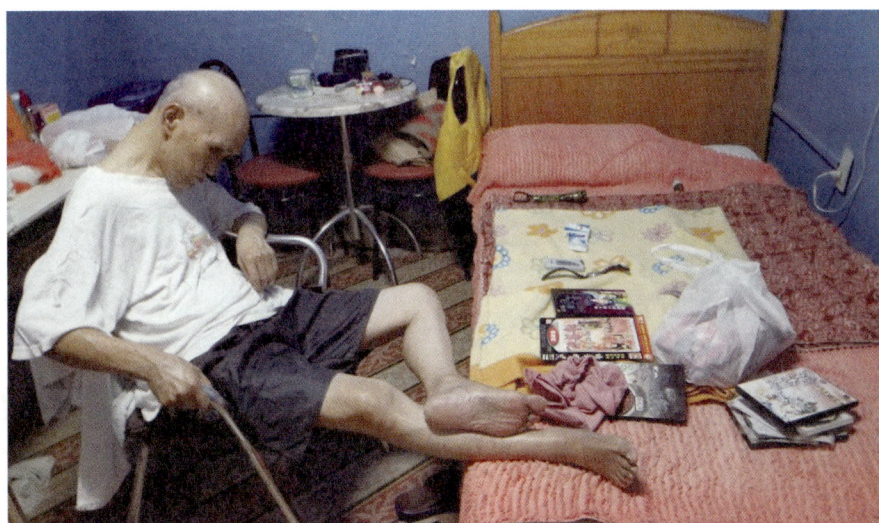

赵文立在颐侨院养老

2009年，社会主义同盟餐厅里挂着黄淘白的照片

2017年，社会主义同盟女主席沈先莲（Mirtha）。背景可见黄淘白照片已经取下

社会主义同盟餐厅的橱窗里展示着1993年的一份《光华报》，上面是关于纪念黄淘白的报道

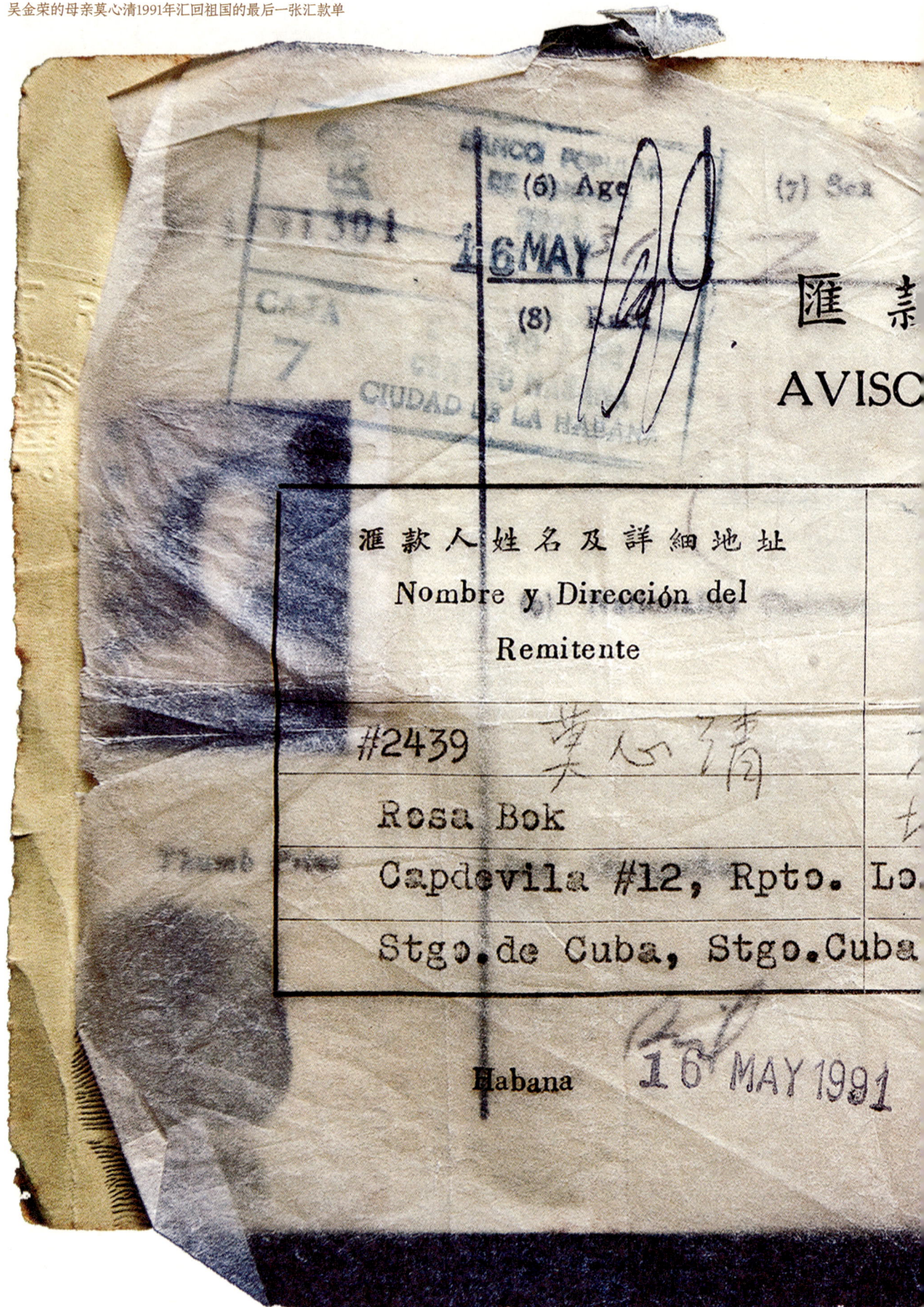

(6) Age　　　　(7) Sea

(8)

匯

AVISO

滙款人姓名及詳細地址

Nombre y Dirección del

Remitente

#2439　　莫心清

Rosa Bok

Capdevila #12, Rpto. Lo.

Stgo. de Cuba, Stgo. Cuba

Habana　　16 MAY 1991

BANCO POPULAR
DE
CAJA
7
CIUDAD DE LA HABANA
16 MAY 99

通 知 單 年

E REMESAS

款人姓名及詳細地址

Nombre y Dirección del

Destinatario

金　額

Cantidad

古　幣

男车沙湖镇安

村

lmos, 莫妃洪妆

#2439 Mok Yu Jun

1991

USD-C
$364.39

No. 057

173

最后一张汇款单

我请吴帝胄和赵文立去生意很差的社会主义同盟餐厅吃龙虾的时候，我们还拍了照片，后来我从餐厅的柱子上发现，这个餐厅的照片出现在一位叫蒋少莲（Mirtha Chiong MacFook）的华裔的老照片中，彼时繁华非比寻常。

蒋少莲是古巴华人大家族的四位千金之一，她的父亲叫蒋绪缁，母亲叫马美丽。她珍藏着家里为她举办成人礼的时候的照片和请柬，还有当年的剪报。从照片可见，那真是极尽奢华的一个晚会。她穿着白色礼服，有很多年纪相仿的姑娘们也都穿着白色礼服，她就坐在人群中央。她的爸爸妈妈和到场嘉宾，都穿着华丽衣服，她妈妈好像有很多姐妹，她们都穿着皮草。宾客很多，大家在一个豪华餐厅跳舞！正是舞厅中央的这两根柱子，让我认出了那就是现在的"社会主义同盟餐厅"。它背后还挂着国民党的旗帜，可见这张照片的拍摄早于中华人民共和国成立之前，至少也是早于1960年古巴与中国建交之前。

蒋少莲没有讲述她的故事，我只能是从她的老照片中猜测。听她的朋友黄玫瑰（Rosa Wong）讲，蒋少莲的爸爸是做生意的，非常有钱，家中只有她一个女儿，宝贝得很，她年少时真是要什么有什么。卡斯特罗上台后，她家经历巨变，倾家荡产，连父母是怎么去世的都不知道，后来一些漂亮家私被拍卖，才得以维持生活。蒋少莲现在在中华总会馆楼下做接待。

我看见她现在用的那张床，仍然是当年照片中的那张，便请她在床前留下一张照片。

题有吴帝胄"夜上海"三个字的社会主义同盟餐厅，其柱子花纹很特别

蒋少莲举办成人礼时的豪华餐厅，和现在的社会主义同盟餐厅地点相同

蒋少莲举办成人礼时的请柬

蒋少莲的母亲和姨母们，都穿着华丽

蒋少莲（前排右四）举办成人礼时的合照

独女蒋少莲（中）幼年时与父亲蒋绪缁、母亲马美丽的照片

独女蒋少莲（中）少年时与父亲蒋绪缁、母亲马美丽的照片，
从衣着和香槟等可见昔日的富贵

176

蒋少莲坐在床前，被她成人礼时收到的礼物包围着

老年蒋少莲和当年那张床

从家中旧照可见李群芳年轻灿烂的笑容

李群芳家局部

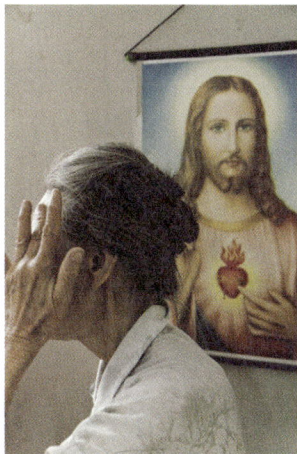

不愿意露脸的李群芳

像蒋少莲这种身世的，还有一位李群芳。她比蒋少莲话更少，甚至觉得如今的生活很丢脸，不愿意让我拍照。但从她家的一些摆件和她年轻时的照片中，还可窥见曾经阳光灿烂的少女笑颜。

黄玫瑰在古巴革命前，和蒋少莲一样，都是富裕人家的千金。2009年我见她的时候，她是中华总会馆的会计，蒋少莲的同事。她退休前是一位外交官，去过东欧、越南和朝鲜等地。黄玫瑰的父亲叫黄斌旺，到古巴后不久便当起了跨省大巴司机，存钱结婚，还在Zanja街药材铺对面开了钥匙店和打铝具店。黄玫瑰的母亲患有精神分裂症，所以玫瑰很早就学会了照顾自己。虽然父亲在家也会做家务、煮饭做菜，也非常爱她，但毕竟中国父亲总是背负着"爱在心里口难开"的传统，不会拥抱或亲吻，这种缺失让玫瑰回忆起来仍然流泪。她13岁学会了打字，到军部工作，受到重视，进了外交部，一直到退休。她的儿子很懂中国文化，在中国读中医大学，教太极拳，娶了东北姑娘，如今已经生了两个孩子。他们在葡萄牙行医，在意大利开分店。关于华区，黄玫瑰讲起了赵义的故事。她说，1986年到1992年古巴不时有华人饿死，所以赵义成立了龙冈公所的老人之家，又和政府协商一起办了一间老人院，在武馆对面——就是颐侨院里郑士荣告诉我"原来是妓院"的那块地。

黄玫瑰在家中。桌面上有她父亲的照片和在中华总会馆的华侨登记表

在龙冈公所排队等免费午餐的老侨们

龙冈公所的厨房，厨师是"鬼佬"，难怪没有唐人菜

郑仕荣（右）在颐侨院，也就是龙冈公所老人之家

赵义的女儿赵梦兰（右）和刘博智（中）在香港油麻地戏院

难怪现在龙冈公所的免费午餐突破了姓氏的局限，所有老弱的华人华裔，只要有需要，都可以去领。我认识的许多位老人家，都去那里排队领午餐。

我想，赵义应该是一位非凡人物。可惜我去古巴的时候，他已经去世。据说在香港影视圈中，在著名的邵氏之前，就有一个赵氏制片公司，可是这些我全然不懂，就是好奇，一个搞影视的人，怎么会去古巴？不过，我也只能自己心里想想，没机会了解。我听说赵义在龙冈公所盖了一层楼，使龙冈公所成为古巴合法机构，还和政府合作供养一些华侨老人。哈瓦那的华侨都记得他的名字，对他很感恩。听说古巴政府现在决定在中华义山重建赵义墓。

赵义有一个女儿叫赵梦兰，在香港和旧金山都有房子，是一位富婆。我2019年3月带何秋兰和黄美玉到香港油麻地戏院登台演出的时候，赵梦兰也在香港，那时她72岁，连着五天都帮忙照顾这两位古巴花旦，我还没见过这么尽力帮人的富婆。原定7月要采访她，可惜后来没有如期进行，也未得知更多关于她父亲的事迹。

黄玫瑰提起的赵义和龙冈公所老人之家这件事，让我想起了吴金荣的母亲莫心清（Rosa Mok）。她的遗物中有一张寄往中国家乡的汇款单，汇款时间是1991年。我在圣地亚哥采访到的所有古巴唐人，几乎都是吴金荣带我去的，他还带我去拜访墓地，包括圣地亚哥洪门昆仲先人墓。我2017年再访的时候，听他女婿讲，他已经去世。我第一次到访时，他母亲莫心清已经去世，我在她的遗物中发现一张汇款单。如果如黄玫瑰所讲，1986年到1992年间，古巴常有华人饿死，那么莫心清在那一年寄364.39美元（270红比索）回家乡，该是多么难得的事！

圣地亚哥老侨吴金荣，手执年少时与父母亲的全家福

古巴革命以后，国家外汇储备不足，为此实行了限制外汇的政策。这是政府推行的几个政策中对华人华侨影响最大的，几乎影响了所有古巴唐人。虽然本篇不经意之间写到的几位都是女性，但是旅古华人多为单身男子，这是一个不争的事实。他们在乡下娶妻生儿，而后只身到异地他乡谋生，不管生活多艰难，最大的精神支撑就是要汇钱回乡养家。1959年，古巴唐人尚可每月汇250元接济家人，年底开始接二连三出台严厉的限制外汇法规；1960年与新中国建交，短暂出现舒缓现象，却紧跟着古巴外汇储备不足、中苏关系破裂、美国贸易限制等，外汇改革再次收紧。此后，每月限高金额、每年限汇次数，不停在变化。借用学者们的搜罗，我姑且用一个整理不完全的表格，直观领略一下。

年份	汇款给 父母、配偶、子女 （单位：古巴币）	汇款给 兄弟、姐妹、祖孙 （单位：古巴币）	汇款给 叔伯、侄、兄嫂、弟媳 （单位：古巴币）
1966	130	110	110
1967	140	120	80
1968	140	120	100
1969	150	120	100
1970	150	130	100
1973	170	150	120
1974	270	270	270

（注：二十世纪六七十年代，古巴不断出台政策限制汇款的最高额度，使得旅古华侨难以接济家乡亲属）

限制外汇金额，让与家人分居两地的华人华侨接济家中老小变得非常困难。除了汇款金额受限制，机票、船票以及出古巴时随身所带金额也受限制——如离开古巴，财产不得带走。去世的和回国的老侨，完全没有寄汇权。这就是一代老侨最终极少回到故乡的原因——旅费太高，财产被扣留，回头纸不容易获得。

辛苦一生，终了却与故乡亲人阔别一世。●

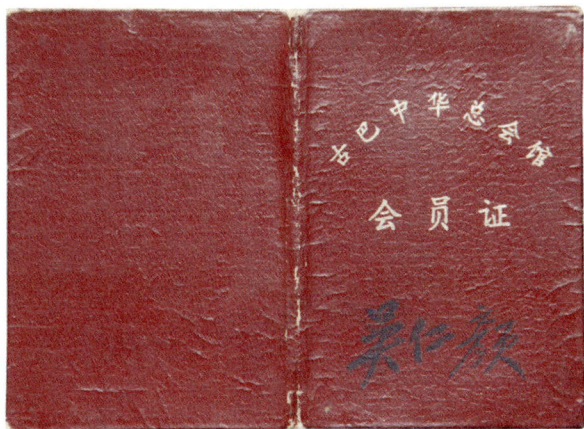

吴仁颜的古巴中华总会馆会员登记证封面

吴仁颜的古巴中华总会馆会员登记证里的汇款记录

林国根的古巴中华总会馆会员登记证资料页

林国根的古巴中华总会馆会员登记证里的汇款记录

刘利的古巴中华总会馆会员登记证资料页

刘利的古巴中华总会馆会员登记证里的汇款记录

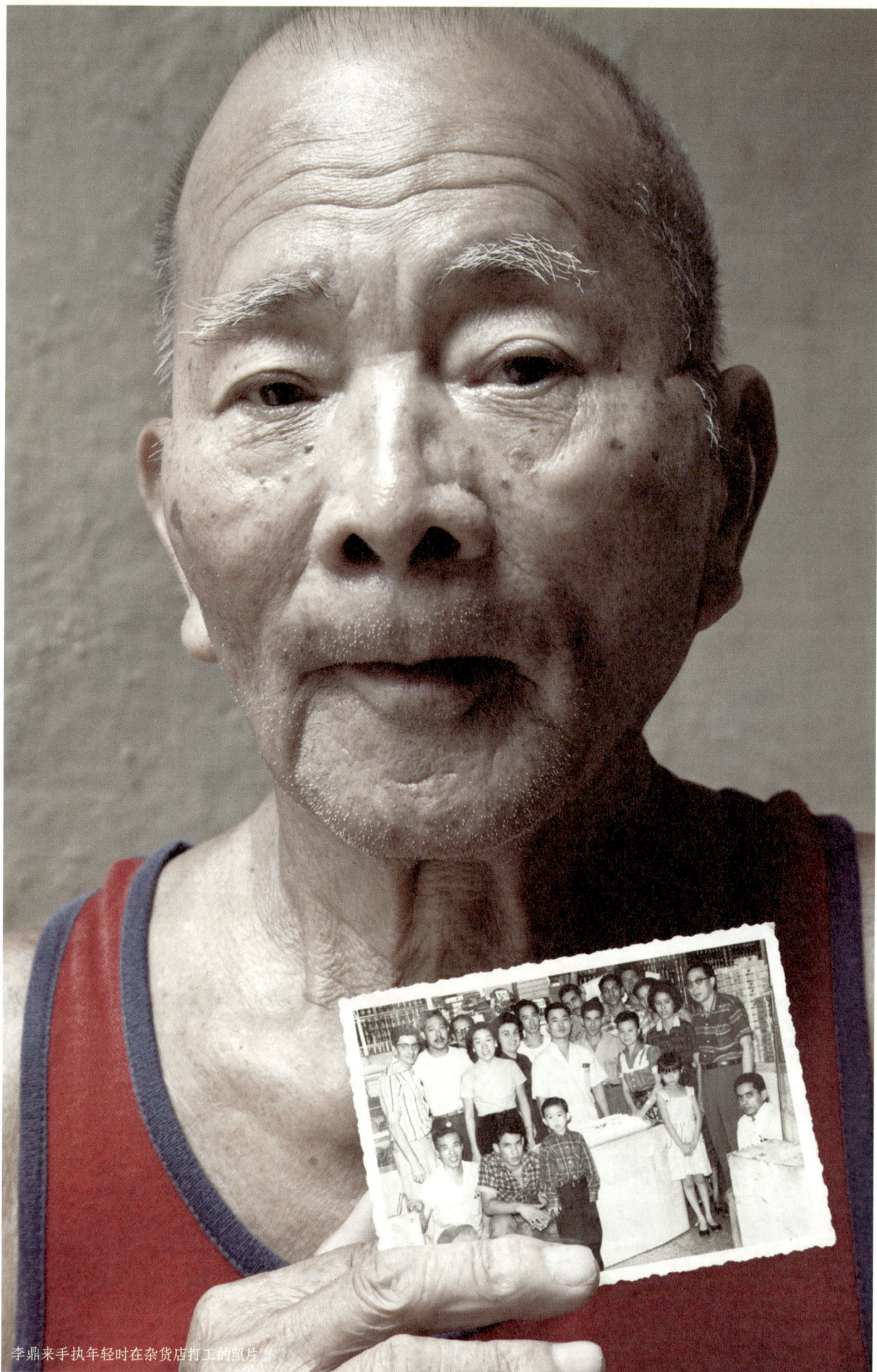

李鼎来手执年轻时在杂货店打工的照片

15 "大家需要合力才能生存"

还记得在龙冈公所回答我"唐人菜？连唐人都冇呀！唐人菜啵！"的那位老人家吗？时隔两年，2011年的一个早上，我在唐人街上遇见一个老唐人，弓着腰，走路摇摆，看得出骨质疏松很严重了。我就尾随他，跟着他走进一间大楼里。外面的天气很热，里面就像一间又暗又闷的大仓库。走到最里面，老人掏出装在塑料袋里的小本本，原来是猪肉配给簿，他是来国营肉店领猪肉的。不过猪肉佬不让我拍摄，我又随老人出来，到他家采访。这就是龙冈公所那位广州口音的老人，他的名字叫李鼎来（Eugenio Lee）。

李鼎来1928年在台山出生，在广州长大。1949年先到香港待了三个月，12月用三百多美元买到了"假纸"，登上一艘退役的海军船Gordon号，1950年1月5日到达古巴。那年他22岁。到古巴后，起初在杂货店工作，卡斯特罗政府上台后，他被训练成电子维修工人，后来还学画画做宣传工作。

2017年1月，龙冈公所的午饭时间，我发现李鼎来不在，便问了起来。有人告诉我他的妻子Clara坐在走廊那边等着取午餐。原来她身上有一股臭味，不能和其他人一起坐在饭堂中。但既然如此，为何她和李鼎来的分工反过来了？我和香港朋友Newman Wong决定陪她回家看看。可怜的Clara也受罪于骨质疏松，和李鼎来一样弯着腰走路，借力于一个小破推车，每天这样缓慢穿梭于繁忙的街道，每周至少走六趟，当然还需要忙碌其他事情。就这么一小段路程，对她而言已是艰巨的旅程，一路频频休息。她开心地拉着我的手，一路走一路反复问我："You like American coffee？（你喜欢美式咖啡吗？）"这可能是她会讲的唯一一句英语，因为她以前在酒店做过。

2011年李鼎来夫妇在家中

我在路上遇见李鼎来的老婆Clara

已经有失禁困扰的李鼎来用拖把当拐杖，同样受苦于骨质疏松的Clara手里拿着裤子正要帮他穿上

大概在离古巴国会大厦一条街的位置，Clara停在一栋三层楼的屋宇前，拿起挂在脖子上的钥匙串，打开比她额头还稍高一点的锁。门一关楼梯一片漆黑，爬一层都不容易。我们跟在她后面，当她打开家门，一阵冲鼻的尿味扑面而来。她用甜美的声音喊她老公，李鼎来回应得一样甜蜜。只见他挂着拖把当拐杖，边走边拖地，倒也一举两得。原来他受苦于失禁，可惜古巴物资贫乏，没有老人纸尿裤，就算有他们应该也舍不得买。Clara发现李鼎来没有穿裤子，便让他坐到椅子上，自己弯着腰，找来短裤帮他穿上。

我在他们家四处走着，发现水龙头没有水流，只有水滴，得蓄水才能用得上。这样如何清洗衣服和房间呢？！这样的环境也难怪Clara身上有异味了。我又发现煤气炉上总有一小朵火焰——原来是点火石坏了，要点火得靠火柴，古巴火柴又短又细，Clara怕烫到手，所以情愿一直不关火——这样太危险了！我告诉她之后，她竟然用隔热布往炉上一闷，把火灭了，也没有拧回熄火位置，我帮她关上了。这样一对老人往后该如何生活下去呢？

2017年4月，我和从纽约来的朋友林丽谊一起，再一次拜访李鼎来夫妇，带着他们已经几十年没吃的肉丝炒面去当见面礼。门一推开，只见李鼎来扶着一张椅子，推一步走一步，原来是拖把断了，现在的"拐杖"是椅子。看见我们到来，他又意外又开心，似乎完全没察觉到自己没穿裤子！Clara又帮他穿上。老两口依旧用着甜美的声音交谈。趁他们享受着美味的面条，林丽谊做了一段采访。

一边吃炒面，一边接受访问的李鼎来夫妇和他们的爱猫

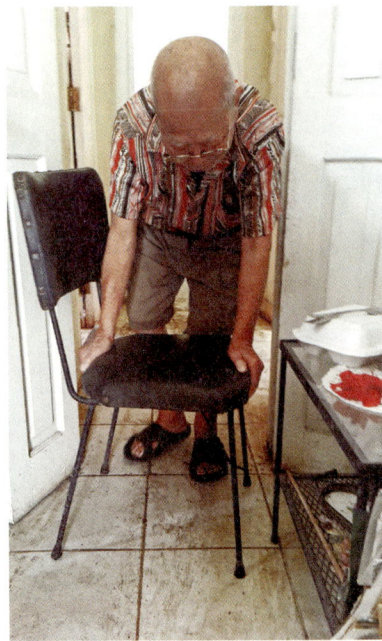

原来的扫帚断了，李鼎来的"拐杖""升级"为座椅

李鼎来家的祭台

李鼎来家局部

林："你们两个是怎样相识的？"

李："在我工作的铺头里。"

林："你怎样接近她？你係唔係好靓仔？（你是不是很帅呀？）"

李："没有这种事，完全是为了需要，我那时49岁，单身，在古巴没有亲戚没有家庭，像这样老了以后可不妙，需要有人照顾我。"

林："你和她有浪漫故事吗？"

李："在我们这个年纪没有啦。没有人知道在古巴一个单身汉的痛苦和忧虑。很不容易。"

林："问一下Clara为什么会选你？"

李鼎来为Clara翻译，同时他们两个人都忙于吃面条。

Clara："我的很多朋友都和华人结婚了，因为他们可靠。结婚前我已经认识他多年，也许他会带我去一个乐园。"

林："为什么你不住进为唐人开的老人院呢？"

李："我老婆不是唐人，不能和我一同住进去。我的生活不能没有她。"

他们聊天的时候，我观察到一个让人心塞的细节。李鼎来的脚肿了，脚趾上粘着猫毛和泥土，却仍没有去医院看。这么多年了，公寓还是没有自来水，他们两口子估计没有一个能弯得下腰够得着清洗脚趾吧。我以为古巴有免费医疗的福利，还有街区医生，可惜去反映李鼎来夫妇的情况之后，只换来"听到这种情况我很遗憾"这句话，没有人来提供帮助，也没能解决任何问题。

最后，在我快离开古巴之前，终于找到了一位活菩萨——龙冈公所的华裔主席刘淑芳（Graciela Lau）。她通过特别的关系和精心的安排，用救护车将他们送到哈瓦那最好的医院，还让他们住进了高级酒店，经过各种治疗，他们恢复了健康，公寓也终于有水可用。林丽谊和得克萨斯州中西部州立大学社会学教授Beverly Stiles在那年秋天还带了可折合的金属助行架给他们。

2019年2月，我再次来到李鼎来夫妇家中。不知道是谁安排了Clara的亲戚——一对年轻的夫妇和他们的女儿，来与这对老夫妻同住，照顾他们的日常。待老两口百年之后，他们的房子就会给这一家照顾他们的人，古巴一般是这样。这一次，他们的生活终于得到改善，但Clara似乎没什么精神。

这次我和李鼎来聊了好多。我问他年轻时有没有去找女朋友，他说常年都是天没亮就起床，骑着单车去上班，工作八小时，三点半下班，回家已经很累，还要照顾自己的生活。那时没有冰箱，食物一次只能买一点点，每天都得去买。就连生病了煲中药，都是炭火慢煮的，哪有时间找女朋友！我又笑问他："这个老婆好不好？"他说："开头挺好的。"那时候他们住的房子很差，过了几年才盖第二间房。他老婆去找工程师做设计，买砖头、瓦片、水泥等各种物料，两个人一起修房子，费了很大精力才修好。"之前的房子是泥巴和木头做的，现在这间不一样，是有水泥的。"

我又问他："那是说这个老婆对你不是很好？"
他说："不是好不好的问题，大家需要合力、合作才能生存。谈情说爱是年轻人的事。那个时候没有机会谈情说爱，只是生存。每天做到'死牛'一样，没有女朋友。旧时杂货铺工作都有一百多美元一个月，物价又低，买卷纸才两毛钱。现在要1.5美元才能买一捆四卷，两个人退休金才20美元。"他接着说："1980年修了现在的房子，那时候生活还算好，有苏联帮助古巴。之后苏联改变政策，生活更是艰苦，什么都没有了，物价也变得很高，食物也不够吃，被称为困难时期。"

我们还聊到他工作的问题。他说："那时做广告，写美术字、写宣传，物价涨跌都要写，还要做政治宣传，鼓励人们去做砍蔗的工作米推动国家经济发展。以前的货物，质量不好是不会运来古巴的，竞争激烈，为了要和美国等外国人做生意，那时候古巴买卖的东西都是最靓最好的。胡须佬（卡斯特罗）死了之后他的弟弟上台，生活没有好转，国家穷得更厉害。"

我问："我的儿子现在如果移民古巴，你觉得好不好啊？"
他说："如果来古巴，饭都没得吃，那班政府的人没有钱买外国货。像话梅这样的东西，你不带来我都没得吃。"
我说："有没有黑豆饭吃啊？"
他说："不够豆啊！"
他还挺逗。

我们还谈到古巴解放时期的华人民兵，原来李鼎来也是民兵，但只做了很短的时间。他也知道吴帝胄和赵文立都是民兵。他说以前国民党的中国银行，不是在社会主义同盟楼下，而是在中华会馆楼下。我后来发现他说的是真的。他还说，因为古巴政府不承认台湾，民兵占领了台湾的中国银行，银行就将钱全部搬到美国去，但华侨的钱就不清楚了。我问他唐人有什么感受，他说唐人不会关注任何政治的东西, 不加入党派,也不会参加活动, 只在乎自己每日的生活问题。

2019年2月, 我在龙冈公所无意中认识了一对夫妻, 他们筹钱每月买肉类和日用品, 用车送到孤寡老侨和华裔家, 使李鼎来夫妇生活得较有尊严, 真是功德无量! 2019年10月6日是李鼎来91岁生日, 他增肥了, 还记得我。庆幸他们两口子还健在。●

Clara的亲戚与李鼎来夫妇同住并照顾他们的生活后, 两人的生活质量提高了很多

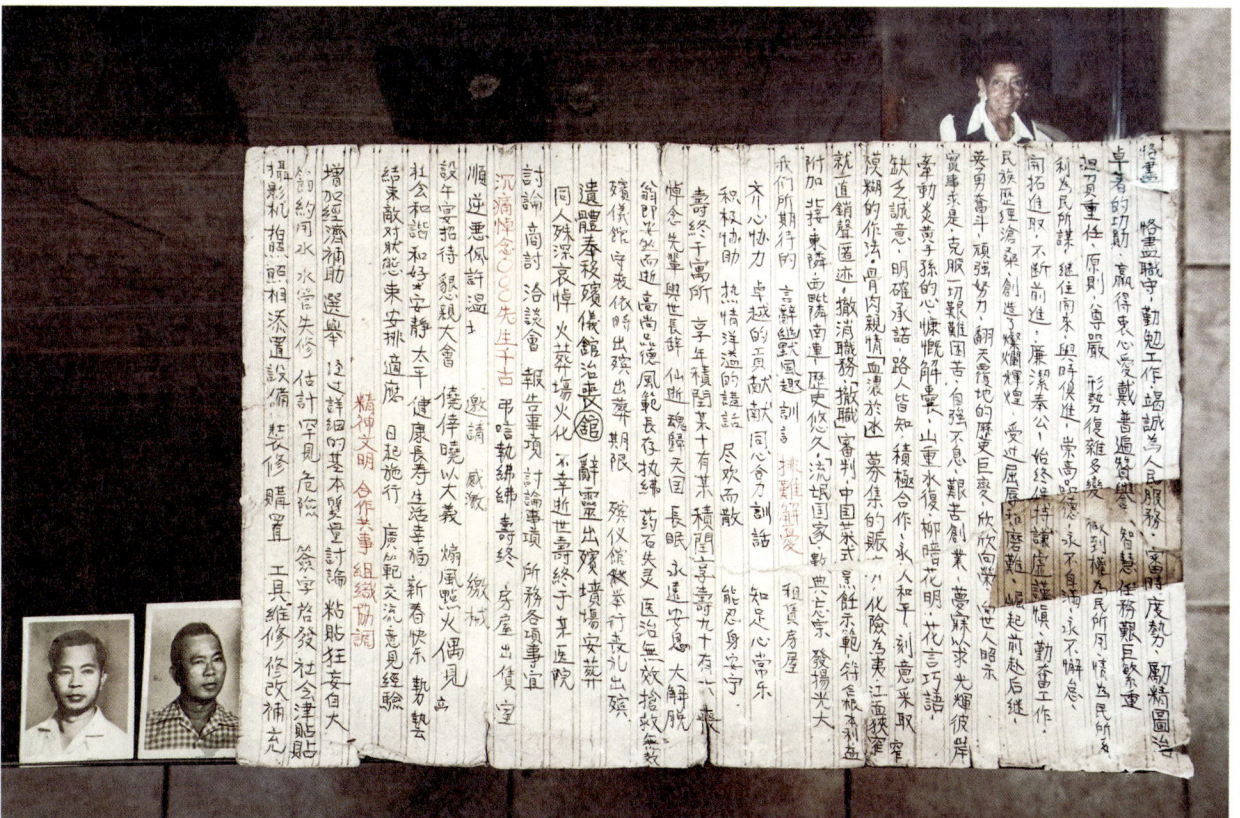

90岁的李鼎来, 似乎极力想保存自己对中文和中国文化的认识, 写了满满的一张中文字, 繁简体字并用, 内容看似没有连贯性, 但又都和中国相关

陈享财和他裁好要当厕纸的报纸

16　此后再无华人移入古巴

前文讲到华人移入古巴的四次高潮，其中第四波发生在1949年新中国成立前后。

第二次世界大战期间，中国陷入经济困窘时期，有统计数据显示古巴华侨在抗战期间捐款240万美元，侨汇6000多万美元。这些数字不仅代表了古巴华侨的爱国之心，也可看出古巴华人在那个时期的经济情况不错。受战乱影响，二战时期几乎没有新移民进入古巴。抗战结束后，内战又起，沿海人民再一次萌生海外谋生的念头，直接推动了第四波古巴华人移民潮。

在拍摄古巴唐人之前，我心中固有的"唐人"概念，就和我早期出国时遇见的那些唐人一样，在中国出生，讲唐话，写汉字；就算是文盲，但饮食等各种生活习惯都始终非常家乡化。所以我一开始来到古巴的时候，觉得没有看到真正的唐人。现在回想起来，我在古巴遇见的能归属于我内心固有印象的"唐人"，多是在第四波移民潮中进入古巴的。这批唐人大概20岁左右到古巴，寥寥几位长寿者活过了80岁，在八九十岁的时候被我遇见。而更早一批旅古华人，从年龄和寿命上推算，我能碰上的概率几乎为零。据说建国前后，约有3000华人来到古巴。

前文讲的黄江夏堂的主席黄民达，就是1949年来古巴的唐人之一。我认识的古巴唐人中，同一年来古巴的还有何秋兰的邻居关伯和方标的远亲陈享财。

关伯名叫关志生，西名Jorge Cuan，祖籍南海九江。关伯的故事在雷竞璇先生的书中记述得更为详细，尽管我更早认识他，但是文字记录真的不是我的强项，我在行的是"看"。2009年我在何秋兰家聊天，有一位唐人老伯敲门来向她借一包盐，我听出了他的口音和大萨瓜黄威雄一样，便问他："要盐做什么呀？"

关志生在家制作“黑市云吞”

关伯制作云吞的材料和工具

他说："做云吞。用粮票买的那种，好平价，用完了，要借一包。"

这位就是关伯，他住在民治楼的二楼，我立即尾随他下楼。

开了眼界！香港的云吞馅料是鲜虾去壳加半肥猪肉末，而关伯的云吞馅是古巴劣质染色火腿肠，用黑市买的鸡蛋和面粉做成。他的工具很简单，一口老旧铝锅，刀口磨损了的菜刀，一台小型手动压粉皮机，平均每天做一千几百个云吞，铺满在木板上，儿子Carlos拿去炸，然后火速送到唐人街各饭店。

正好他儿子、儿媳妇和孙女都在，我想为他们拍摄一张全家福。但是一张大木板上面铺满了云吞工具，连多站个人都要侧着身，地上摆个床垫就算是床了，没有电视，没有座椅，也没有张贴卡斯特罗像，真是家徒四壁。我于是往阁楼上了几级楼梯，俯视取下全家福。幸福的是活力四射的小孙女，过来从背后抱着爷爷。

后来有一次在何秋兰家遇见关伯，我们聊了几句，结果让我非常意外。

我说："Carlos不似你（不像你）。"
关伯："我有好多仔女，七八个！有D唔系我生嘅（不是我生的），还有七八个孙呀，天生天养啰！"

我就没有再多问下去。那时我一直以为中国的传统，生儿育女是希望老有所依，那时我不知关伯马不停蹄地包云吞是为了什么？后来我遇见越来越多的古巴唐人，像陈典穗和他的养子，才渐渐明白了关伯的苦心。老唐人不张扬却一直被赞誉有加的风范就是勤俭持家有爱心。他们不会对孩子弃而不顾，只要有能力，多一个人不过就是多双筷子。

2017年，关伯去世，原来我遇见他那年，他已经82岁。

2019年，我上楼去找何秋兰的时候，感觉二楼有动静，走过去，发现是关伯的儿子在做云吞！原来，关伯那时是在"授之以渔"啊！我还总是担心他去世之后，那么多依赖他的"仔女"怎么办呢。

2011年，何秋兰陪我去以前的唐人街走走，要找国光剧团旧址。剧团场地是租用的，现在已被改为民居，再也不能入内。它的对面就是方标以前打工的洗

关伯家局部，挂着一串洪门会费等各种缴费清单

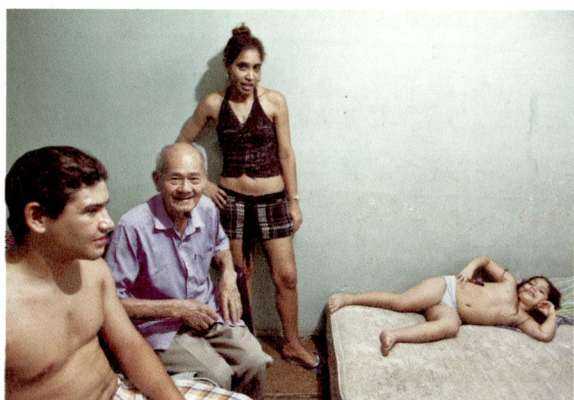
关伯和儿子、儿媳、孙女的全家福

关伯去世之后，他的儿子继承了做云吞的手艺

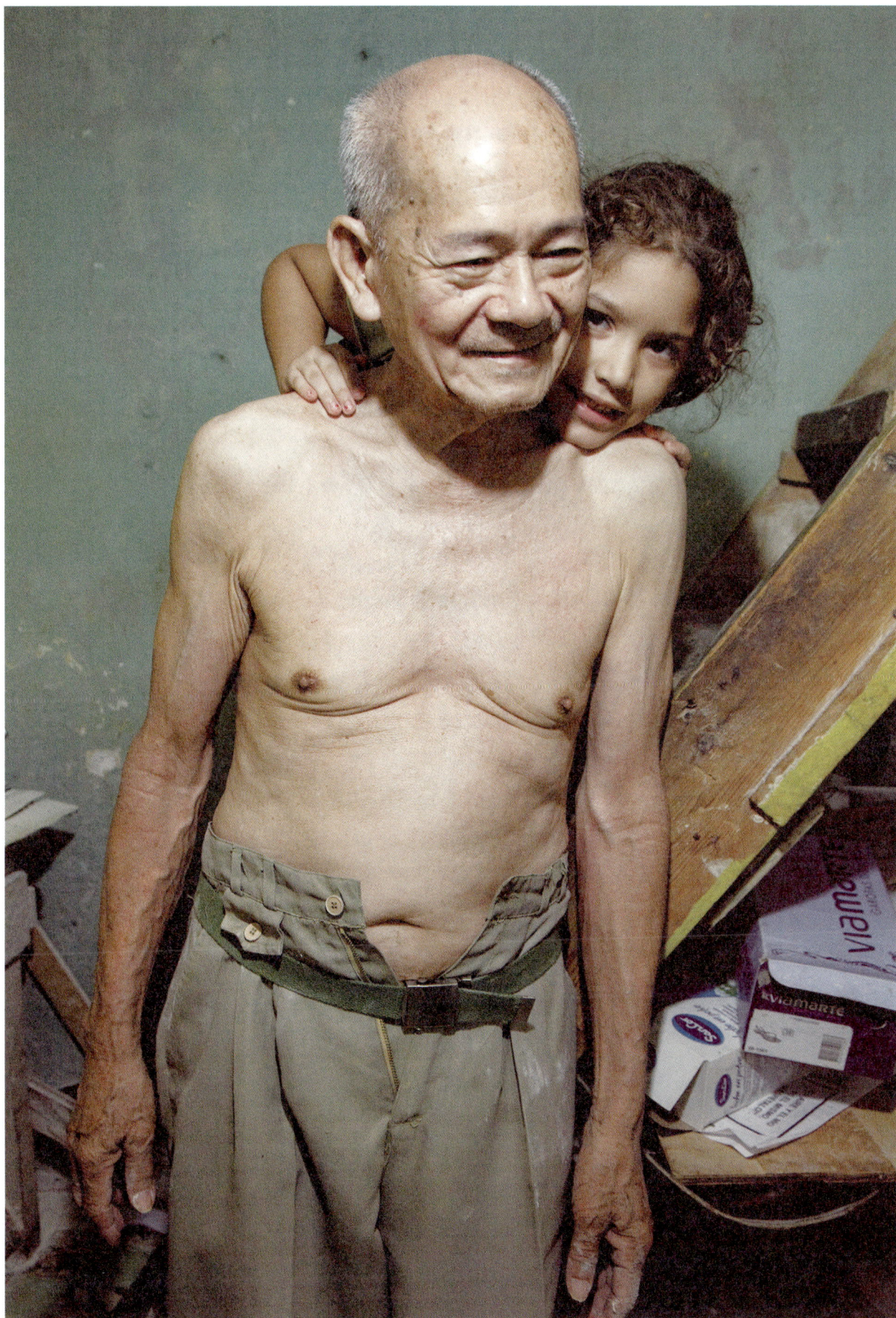

关伯和孙女

衣房。何秋兰说，还有一个方标的远亲住在里面。推开大木门，跨过门槛，过了右边的房间，迎面就是三个大混凝土水槽。何秋兰往屋里望了一眼，叫了两声："Coco, Coco。"有个唐人大声回应着走出来，说话洪钟响亮，带我们到屋里坐下。进去猛一看像是个魔幻片场，地上瓷砖破裂，高低不平，墙面撞色强烈，斑驳不堪，全屋古巴色调十足。

Coco的中文名叫陈享财，1927年出生，台山斗山人，耕田出身。他说话甚多，我们虽有问话，但多数回答得牛头不对马嘴。他穿着衬衫和西裤，收拾得整洁正经。他来古巴后，做过杂货店、餐厅厨房杂工和洗碗工，古巴解放后在政府大型餐厅做帮厨，还升级至副厨，是洪门民治党会员。一生工作正常，每隔数月要寄钱回乡养家，一直到父母去世。他一生没有结婚。

2017年，我又要求何秋兰同去探望陈享财，已经90岁的他搬到同一楼宇的最后一间，原来这一层地下物业是他的养子Alfonso的，正在大装修。一多年来缺钱缺人缺材料的工程，满地烂砖瓦和装修材料，非常脏乱。我们推门进去，看到陈享财正弓着腰侧身躺着，面对墙壁，躺在只有纸皮垫着的床上呻吟。秋兰叫他，他不想起身。我也叫他两声，他才艰难地坐起，用台山话说他肚子好痛，脸色发白。我赶快把双掌搓热，在他肚子上涂上斧标驱风油慢慢搓揉，秋兰也把带在身上的西药丸喂他吃，好一会才能坐直身体和我们说话。我让他多休息，离开前留下些食物和一个方便晚上用的小电筒。

2017年4月，我第三次去探望陈享财，带着在街上遇到的朋友一起去。他又肚子痛，面如死灰，我马上赶往三个街口外的龙冈公所取了些药、热食和斧标驱风油回来。他的养子Alfonso弯下身扶他坐起来，我帮他脱掉衬衫，在他的腹部和背上搓擦驱风油，又劝他吃了些热食和6粒黑色的泰国钓鱼翁牌止泻药丸。好一阵子，他才觉得好转，可以起身。那时候他的精神已经很疲乏，穿着脏衬衫。房内没有冰箱，到处是灰尘和臭味，我才知道没有抽水马桶的厕所就在房外头。离床不远有个大白胶桶，旁边架子上有一叠剪好的旧报纸，上边有新闻图片，是当时古巴的总统劳尔·卡斯特罗，原来这是裁好的厕纸。

极坏的卫生条件令他更易生病，但出于某种原因，他拒绝住进离家不到150米远的唐人老人院。他说他的干儿子Alfonso很快会给他收拾一间房子，但我想他可能没有这个福分去住了。2018年，陈享财离世。

陈享财的洪门会员登记册，上面有他22岁时的照片

2011年时的陈享财

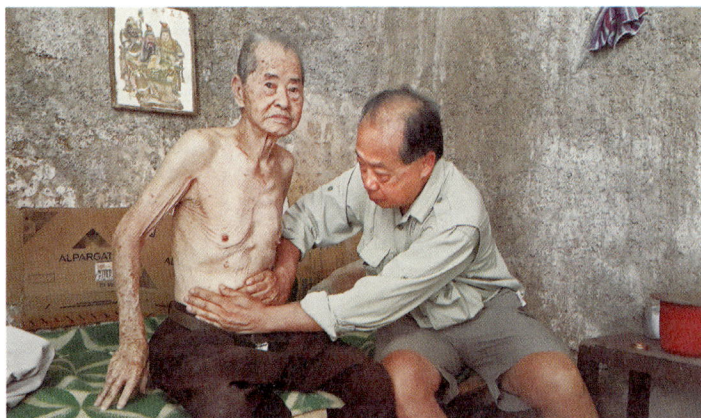

2017年，刘博智正用驱风油为陈享财缓解腹痛

第四波移民潮进入古巴的这一批人，算是赶上了古巴经济最后一波好时光，却也在人生主要时期经历了社会变革和国际关系变化，多数人一世未能返乡。自1959年古巴革命之后，唐人经营的小商店，如餐厅、洗衣店、杂货店等多被整合，改造成合作社，华商生意大受影响；唐人社团所购置用作会馆的产业，由于社团无法经营，出租物业，久而久之，产业就属于租客了；有规模的糖厂、烟厂被收归国有；唐人失业状况非常严重，无法回国或再次移民他国的唐人，领着政府微薄的补助或退休金度日。古巴华人社会凋零。此后，几乎再没有华人移入古巴。●

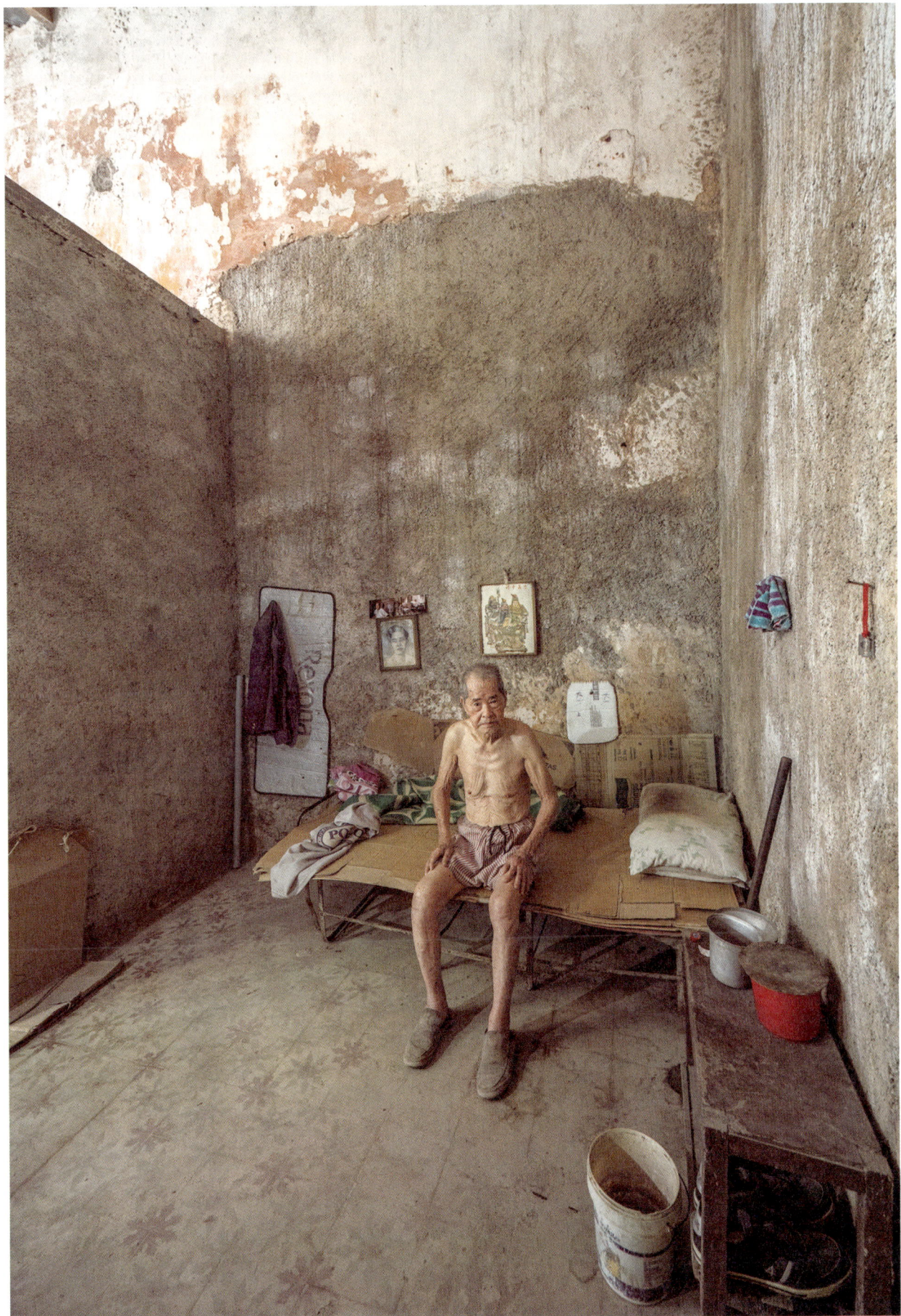

90岁的陈享财搬到同一楼宇的最后一间房，家徒四壁

哈瓦那中华义庄地下骨盒仓库

何濟權君
陳四門南山
社边村
何爁能
開平
錦榮
塘御
黎啟溢
台山冲蔞
民莖九十三
何寶燕
鶴山
沙平人
何耀公
何能統
開平
社边村
紅世民之墓
台山海晏凝村
廣東恩平
垚氣壩
禾四區
何蛋柰
新會井潤僅
何光麟
龍湖里人
民
黎華威
五十圻
何胚然
恩不
同贊湘翁
山東鎮神涌
No. 38
何作貽
廣東恩平
淦朗村
番昌縣人
紅洪翁
何能圖
廣東開平
衛旺有
台山都斛
大綱村人
何祖荃
廣東新舍館
何買威
新念古井
南朗村人
山東鎮四都
塘口
廣東省

ARMANDO
JO

邝金煦

2009年7月，我第二次启程到古巴，当然包括为了继续寻找黄宝世先生的骨盒。但是我不懂西班牙语，凑起来认识不到十个词，于是请了一位翻译——谭艳萍女士。她在古巴留学两年，办事能力很强，在古巴这种落后的地方，没什么一手资料可以提供给她，她却能四处寻找，还能找出门径来。她还能用小相机帮忙拍一些资料，我们在一起的旅程，为我以后的四个历程铺了路，同时我的摄影工作也有了确切的方向，她真是立了大功，实在是没有她不行。

她家也是有先人旅古的，可是她好像和在四邑侨乡的普通侨民一样，对于三代以前的祖先为他们漂洋过海到古巴做劳工的历史懵然不知。听祖先在古巴的故事，也表现得无动于衷。可这也很难怪他们。过去为了养家糊口，四处谋生，一个家庭分散千里，又因没有发达的通讯，资源缺乏，再加上一个多世纪以来，不论哪一个国家，总有各种社会运动频繁发生。我和在香港出生的家人，还不都是一样，不知不觉便失去了根。

幸而，在谭艳萍出发前，她在台山的母亲给了她在古巴逝世的先人名字——邝金煦，这是她曾外祖父的弟弟。邝金煦早年在哈瓦那挑篮子卖水果，后来开了店，最后再没能回到故乡，至今尸骨还在古巴，不知下落。寄回家乡的邮包中夹有他的相片，是位帅哥。可怜后期寄的物件和汇款都被乡中大队扣留。

我找到哈瓦那溯源堂主席邝启宏先生，他带我们到了中华义庄溯源堂公坟，拿出一串很久未用的锁匙，打开地下室存放骨盒的门。一整层差不多都是姓谭的，他们上上下下逐一找，我自己则一直在拍摄。地下室闷热，常年没有人气，谭艳萍没过多久就开始紧张得直冒汗，她感到失望，我说等我拍完帮她找。她

溯源堂主席邝启宏在中华总会馆资料保管室，旁边的柜子里有很多唐人资料

随我出出入入各处坟场寻骨的翻译谭艳萍（右）在大萨瓜中华义庄洪门公墓前

的反应是很正常的，地下有几百个骨盒，眼花缭乱，哪那么容易找！而且她又被情绪干扰，女孩子家面对这么多先人遗骨，哪能没有一丝胆战心惊？对我来说，已经习惯了，去坟地也是工作的一部分，就像去探望朋友。可能因为我的心比较定，先向高处两排开始，逐一看过，不一会就给我找到了！谭艳萍感动到流泪，跪地叩头。

她在侨乡长大，是台山一中高材生，知书达理。人们对历史和先人的淡漠，其实大多是因为没有获知的途径，没有代入感，无法感同身受。中华义庄内的几千个骨盒，任何人亲临其境，都能像谭艳萍这般强烈体会到几代人为老家乡下所做的牺牲。

后来，我在2014和2019年9月，特意去了谭艳萍的台山燕槐村。20世纪，这村中很多先人都去了古巴，只有一个老侨还乡。但这位老侨的儿子、孙子也都去了古巴，没有回来。孙子在乡结婚，老婆怀孕后，便前往古巴，照片也没有留下一张。现在，当年的婴儿，他可怜的女儿邝惠娟，已八十多岁，从未见过她生父，但还是供奉着祖宗神位。希望他的魂因为亲人的祭奠，找得着回乡的路。燕槐村很多乡屋自二战前后空置，已经破烂不堪，改革开放后，村民去外边打工，也有不少去了外国，就是再没有广东四邑人去古巴了。

谭艳萍终于找到了她曾外叔父的骨盒

照片中80岁的邝惠娟，祖上三代都去了古巴，她的曾祖父（右边画像）是唯一回乡的，祖父（左边画像）和父亲都没能回乡，她的父亲连张照片都没有

林裕章

2017年1月,是古巴洪门民治党成立130周年,哈瓦那的美洲戏院(American Theater)晚上有演出,离唐人街大约十条街远,有舞狮、舞龙,还有何秋兰和黄美玉的粤剧表演等,非常热闹。我入座时已注意到都有谁来参加这个盛会。我看见赵文立,打了个招呼,找位置坐下。在我旁边和前后两三排,都是大约二三十岁从中国来古巴的留学生,他们说着普通话,只是瞥了我一眼。以前唐人在外国,见面就算不认识的都会点头笑一笑,是一种温情和尊重,那些留学生的举止让我失望。

表演结束,戏院散场,很嘈杂,我远远望见有两位女士很大声地在和赵文立讲话。他们看起来很紧张,我以为发生了什么事。原来是赵文立的答话,她们几乎听不懂,所以越讲越紧张。赵文立85岁,掉了不少牙,说话不清晰,要听懂他夹带新会话、英文、西文的话语,需要持续的想象力。我们算老相识了,我多少比她们能听懂一些,就自觉地插嘴帮忙。就是这次,我认识了来哈瓦那找爷爷骨盒的林丽谊和一同前来的朱淑德(Chu Shuk Dak)。因为赵文立在中华会馆担任要职,他掌管着老侨登记的资料,林丽谊她们想找爷爷的骨盒,所以找到了赵文立。赵文立要他们第二天到中华会馆取资料,拿到后自己去中华总义山找。我说我第二天也会到那里拍摄,她们可以跟着来。

林丽谊和朱淑德都是慷慨、聪明又实际的女性,她们已多次把一箱箱的日用品、中国食品和药物送到古巴龙冈公馆的华人慈善社团。应林氏家族的要求,她们来哈瓦那寻找祖父林裕章(Arturo Lam)的坟墓。

林裕章1921年离开中山乡下的老婆和三个孩子,到古巴打工,后来与人合伙做杂货店。跟全古巴大小商人同一命运,他的店在1960年后被没收,这是他那一代十几万唐人的典型故事,有资源和力气的就跑去其他国家实现二次移民,跑不掉的就老死穷死。林裕章1977年过世,91岁高龄,没有回过一次家。1959年,中苏交恶,中古关系受到影响,林裕章老婆郑燕后来被饿死,死前一直念着他的名字。

在古巴寻回祖先遗骨要走一个非常复杂的、费时费钱费力的官僚程序。先在中华会馆寻找先人的登记信息,然后确定骨盒位置。这是个令人畏惧的艰难过程——火葬、死亡证明、宣誓、运输许可……前面讲了这么多,大家都知道,华人墓地已经杂乱无章了几十年,急需修葺和整理。很多墓碑断裂,碑文消失,骨盒被偷或被占用,旧坟被掘起,寻骨变得更加艰巨,寻到的可能性极低。

有很多骨盒是一起收归在宗族公坟或社团公坟中的,如龙冈公所公坟、洪门公坟、昭伦公所公坟等。如果死者贫穷,三年免费期后无法续租,又没有亲人、同乡或其他关系人认领,就会被掘起。能放进黑暗的地下公共骨盒暂存处的,还算是幸运;更悲惨的是那些被随意丢弃的白骨。暂存处有些骨盒堆叠到顶,互相之间没有空隙,有些水泥盒盖被换成带有数字编号的硬纸板,有些盒盖不翼而飞,露出身份不明的骨头,有些骨头就装在塑料袋里。暂存处继续往里走,在昏暗的光线中,头骨和牙齿迎面袭来。空气是静止的,味道让人窒息,还要不停扫掉脸上满带灰尘的蜘蛛网。

翌日早上,在赵文立的帮助下,林丽谊和朱淑德找到了林裕章的华侨登记资料,我们一同前往中华总义山,虽然我没给车费。

昭伦公所先昆仲之灵位

先侨遗骸暂贮室

哈瓦那中华总义山碑文都已经看不见了的墓碑

龙冈公所先昆仲公墓，旁边的石盖掀起来，下面就是骨盒存储室

安定堂先友公墓（左），华侨社会主义同盟公墓（右）

陈颖川堂旅古家族坟场

拉斯图纳斯中华义山

三益分堂慈善会先昆仲之公坟

她们在墓地里找不到林裕章的坟，包括林氏宗坟。于是我带他们到了墓地后面的地下遗骨存放处，我知道，那里藏了大约几百个唐人的骨盒。下边没有灯，3米宽、20米长、3米高的狭长地下室，只有两个小小的天窗，几乎伸手不见五指。丽谊和淑德开了手机电筒自己去找，我就在2英尺宽的通道里拍摄一排排的骨盒。到了尽头转到一个漆黑拐角，我摸索着出来，一个露着黄牙的头骨迎着我。头骨在前额处像做手术般切开，天灵盖放在一边，可能是手术失败。头骨中露出塞满的木屑，可以看到后面银灰色头发和深棕色衣物。骨盒的前板被移走了，又一个迷失的灵魂，生前一定是病得不轻。

淑德正帮我用手机设置照明，丽谊拿着一大束向日葵花走过来，满头大汗，精神紧张，绝望地说找不到阿爷。她过来的时候流着泪，我要她再等我一会，拍完后帮她找。很神奇，在我拍完照，放下相机的那一刻，就看见在刚才拍摄的骨头左边，盒封上写着——林裕章。

后来林丽谊细心重看手机里的相片时，发现一片很薄的锌制铭牌塞在骨盒的左侧，这位头骨都露了出来的先人，名叫伍良（Pedro Eng），也是中山人，跟林裕章一样，1977年去世。也许这两位先人生前是朋友，他们来自同一个县，讲着同一种方言，同属一个中山同乡会，死后又是隔壁邻舍的"死党"。女士们觉得一定是伍良的灵魂在召唤我留意他的邻居。

数月后，林丽谊和朱淑德两位真够义气，联络了伍良中山家乡的亲人。很可惜，伍良的骨盒位已被人霸占，遗骨也不知去向。真希望伍良变成"失魂鱼"，游过巴拿马运河到太平洋，入珠江回到中山。

半年时间，林裕章骨灰抵达纽约，请了道士，由大儿孙负责把骨灰龛抱回中山乡下与发妻合葬。郑燕是金山伯的女人，守活寡41年！像这两公婆如此命运的，数不胜数。

林裕章旧照

林裕章在中华总会馆的华侨登记表

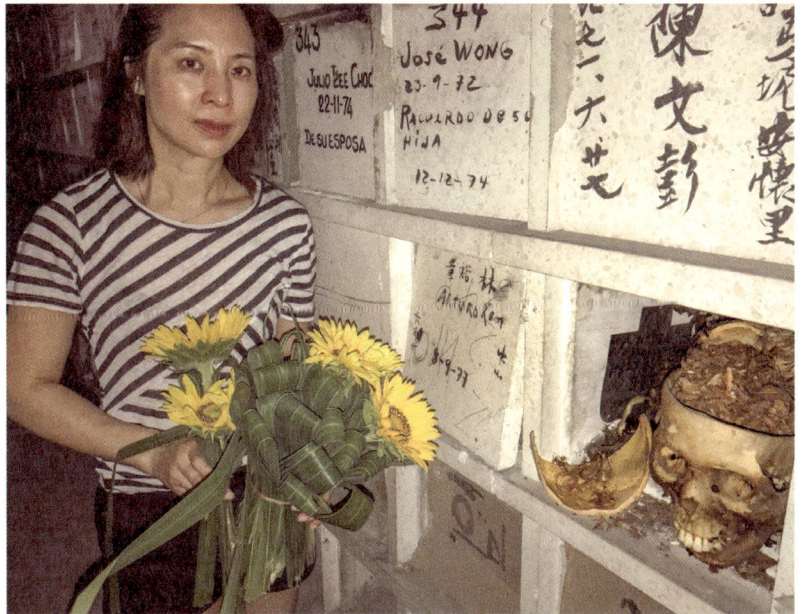

林丽谊找到了爷爷林裕章的骨盒，右侧是伍良的头骨

伍良在中华总会馆的华侨登记表

还有游魂待归乡

2015年至2016年，美国总统奥巴马放松对古巴的贸易旅行限制。终于，世界各地的海外华人都可以到古巴寻找他们的祖先遗骨，以弥补家族史上失落的故事，更有不少古巴人包括华裔趁这两年离开了古巴。2017年6月，特朗普政府否决奥巴马的政策，同时加紧物资封锁、取消航线等，让想去古巴寻骨的人却步。

中国传统的家庭价值——尊重和感激祖先的养育勤劳，是应该流传多代的。回报在海外孤苦生活还坚持寄钱回中国养家的祖先，是一般中国人和海外华人的一种情怀，或许也能弥补内心的一些愧疚。这种供奉行为不只是为了祖先的辛勤劳动，也有着责任上的意义。过去，贫穷和盲目运动导致中古两国无法交流通信，直接导致家人失联和移民断层。还有很多先人遗骨，静静地等着亲人后代的认领。大萨瓜中华义山里有一块墓碑上写着"魂兮来嚮"，这个"嚮"，就有"引向回乡"的意思，也许这就是"亡命天涯"的先侨希望魂归故里的心愿吧。如果有侨乡读者看到这些骨盒照片，认出自己先祖的 姓名，借鉴书中寻骨的方式，让他们回乡安息，我们的图书出版和作品展览也就有了更真实的意义。●

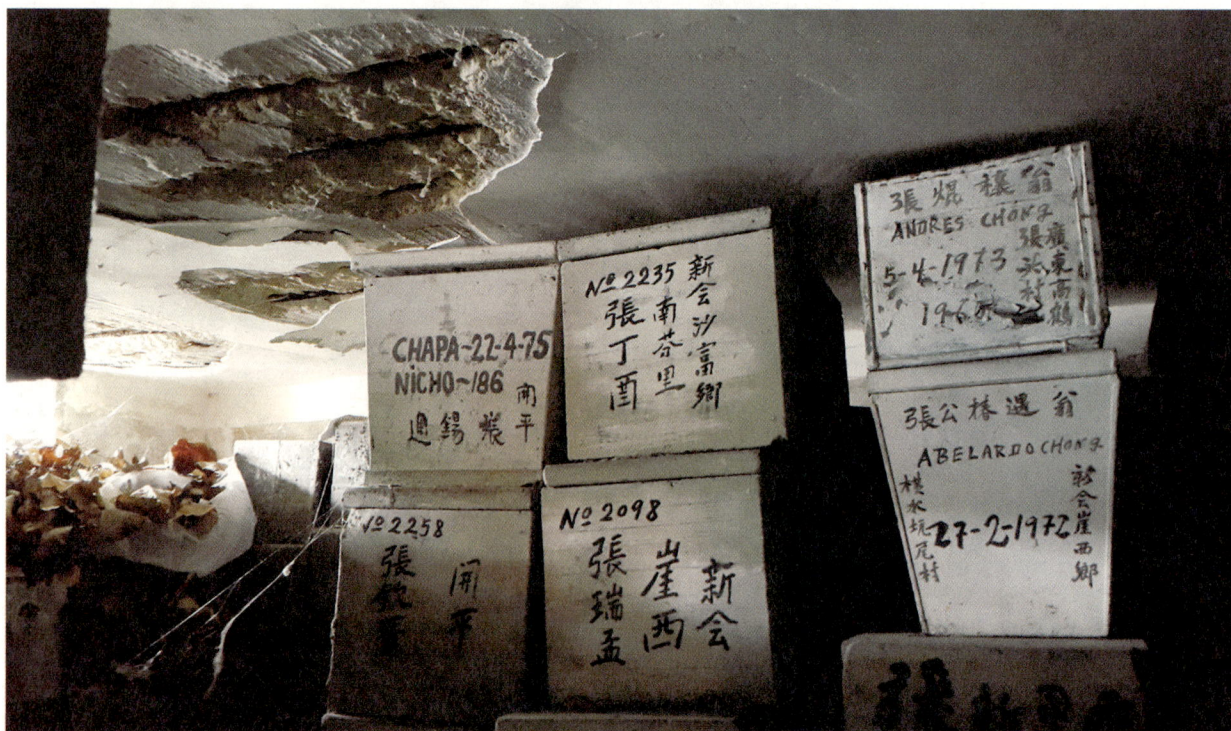

龙冈公所先昆仲公墓地下骨盒存储室

陈颖川堂旅古家族坟场的骨盒仓库

Nº 1699

廣東
新会官田
鍾修祿

398

慶 吉 陳
RAFAEL CHANG
馬 門 斗 山 中

505

Ignacio Un yao

終于微年四月十八日 吳伯希 廣家南海南水鄉

330

南海
九江
黃蔭芳

終于羊年六月十一日

GWONG OZ309D

李如
GUILLERMO LEE

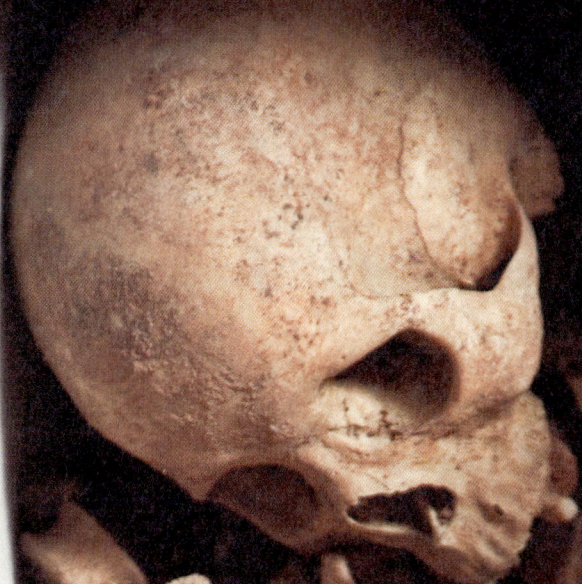

376
JOSE CO LAM
Falleció
17 - 1 - 73

郭
兆
雨
林

何秋兰在开平方家祖坟上唱养父方标教会她的第一首粤曲

18 还乡是一生最好的礼物

何秋兰还乡

自从何秋兰字正腔圆地和我讲"开平石塘里"那天起，我就像着了魔一样，开始了一生最艰巨的工作，历时十四个月，想着怎么帮她搞定回乡签证。

首先，我花了几个月时间剪辑2009年7月拍的视频。来回听秋兰唱《卖花女》《王宝钏》《平贵别窑》有百次，加上字幕图片，做了中英文两段视频，命名"Cuban Chinese 古巴唐人"，匆忙放在Youtube和Vimeo上。截至2019年12月越众历史影像馆举办的"移民——刘博智华人流散文化影像展"开幕，已有13.86万人次观看，很多留言要求帮助寻根寻骨，这对何秋兰和黄美玉回乡祭祖大有帮助。

2011年4月，我又来到古巴，这次的任务是为何秋兰和黄美玉办签证回中国。要办理护照、中国签证、法国转机签证、银行保险、古巴移民局签批等，困难重重。何秋兰到中华会馆的关帝坛求签，求到了中下签。确实不能一次办下来，还花了很多钱改签机票，延迟两次。迫于无奈，我只能独自到香港，找朋友到江门侨办，托他们写官方邀请函给古巴使馆，也许有助于签证。可惜没有办成，白白耽误了两天。谁知中国驻古巴领事获知此事，与古巴当局沟通，两位花旦终于在两天后抵港。我实在高兴，顾不上和那些忽悠我的人说一声"再见"，就坐上的士直接到边境返回香港。

当我一心想着怎么搞定签证入境的事情时，还有一件同样也很重要的事情：我根本不知道"开平石塘里"在哪里，更不知道方家祖坟在哪里。方标离家出走，在古巴去世，未见遗物中有任何与家乡亲人的通信。我要带何秋兰回哪里？

说来奇怪，我的人生有许多出乎意料的心想事成，何秋兰还乡就是其中之一。我想起一位或许可以提供帮助的人，那就是我在《再梦金山》中拍摄过的1978年纽约市洗衣房里的烫衣工甄伯。甄伯有两个女儿恰好和我同在堪萨斯，而且他的二女儿嫁给了我所任职的堪萨斯大学的学生，我还在他们的婚宴上认识了甄伯的弟弟甄崇攀，他做鞋业生意二十多年，我们偶有往来，2006年他请我拍摄过他们家在开平的祖屋。虽然他也不知道石塘里在哪里，不过他常常给家乡的小学捐赠，所以我提醒他可以帮我联系小学校长。

我带着何秋兰和黄美玉两位老人家，到了广州两天，都没联系上校长。好在天公相助，有惊无险，到佛山酒店的时候，联系上了校长，听说学校的一位保安知道那个地方。我们一路前行，到了开平吃午餐的时候，电话又来报信，说学校有一位清洁工阿婆是那个村的人，她帮忙找到了方家的远亲！方家后人已经离开石塘里几十年了，方家两位远亲带我们找到了方家祖坟。

就这样，何秋兰终于得偿所愿，来到方家祖坟前，为一辈子没能回乡的养父方标祭拜祖先。祖坟后面就是开平方氏碉楼。何秋兰在坟前唱了方标教给她的第一首粤曲——"问句天公，奴奴心事重……"

虽然我不知曲名，但方家先人一定是听到了。一曲未完，雷声轰轰，雨如泪下，孝感动天。

何秋兰在方标祖屋。方家后人已离开开平几十年

何秋兰在购买祭祀用品

何秋兰在开平方氏碉楼祭祖

黄美玉还乡

我告诉何秋兰要助她和黄美玉回乡,她告诉了黄美玉,听说黄美玉高兴得叫了出来,那天是她的生日,她说这是她一生中最好的礼物!黄美玉幼时与何秋兰一起在国光剧团学唱戏,她唱男喉,何秋兰唱花旦。两人都对唐人街有着很深的感情。

黄美玉的父亲黄作鍊(Alfredo Wong)开裁缝店,为当时的古巴富人缝制西装,家人住在龙冈公所旁边。她的母亲是非裔黑人,她的丈夫也是黑人,但从未听她说及丈夫。小时候她们家也吃唐人菜、说广东话,她仍然记得小时候吃过白切鸡、豉油蒸鱼这些广东菜。读大学时她离开唐人街,结婚生了一个女儿,几十年后就忘记怎么讲广东话了。黄美玉后来还曾在印度做过大使秘书,回古巴后在外交部工作至退休。

说实话,起初我不是很喜欢黄美玉。她话多,只顾自己说,根本不管我听不懂西班牙语;她也不管我的想法,只管给我推荐;她还有点儿贪,凡见到有东西送,不管是什么,就算与她无关,也一定伸手,生怕吃了亏。

黄美玉与何秋兰讨论粤剧

黄美玉在家中

黄美玉的女儿在家中

直到我和何秋兰去她家找她，才知道她家住得非常远，下了的士还要走很久。这时我才明白这位八十几岁的老人家，生活是多不容易。她每天早上十点前出门，带上护腰带，挂着拐杖，步行15分钟到公车站，搭车40分钟到唐人街外的一间大酒店下车，穿越大公园，过了"唐人街牌楼"，再走10分钟才能到龙冈公所拿免费午餐，全程约90分钟。古巴热毒的太阳不会放过任何人，为生活，她是何等坚韧！她总是把领来的免费午餐分一部分放入胶盒中给孙女，自己吃余下的一点。后来我才知道，她的女儿生了三个女儿，每个都来自不同的父亲，黄美玉帮女儿养这三个孩子，生活挺困难的。

黄美玉的孙女黄素美手执黄美玉父亲的旧照

黄美玉与孙女黄素英

黄美玉还乡祭祖

黄作鍊是开平赤坎人，她与父亲家乡的亲人完全没了联系。我在旧信封上找到地址，就带她去了她的乡下。几十年未通过信，突然一大群人出现在门口，让远亲十分吃惊，大家的反应都是目瞪口呆。的确，她与亲人已经没有任何感情了，言语又不通，到祖先神位拜拜便和我们一起去参加其他行程了。

我们第一次一起回乡，朋友在私人场所组织了三次活动呼朋唤友来观看她们两位的粤剧表演，也让我见识了何秋兰扎实的童子功。2019年我替香港艺术节把她们邀请到油麻地戏院隆重地登台演出，何秋兰稳稳的功底不在话下，我倒是见识了黄美玉的机智和韧力。这两次回乡，相隔8年。2019年初，何秋兰88岁，黄美玉90岁，登台演出《王宝钏》，技惊四座。黄美玉因为健康问题挂着拐杖上台，三晚演出发生了两次小意外，第一次是表演武生的功架时拐杖扣住了她的衣角，她索性扔掉了拐杖，把功架完成。第二次是薛平贵的马鞭换不上手，她又索性用拐杖当马鞭，不但逢凶化吉没跌倒，反而赢得观众的热烈掌声。

第一次回乡，我们三人的旅费和吃住行问题，得力于我的亲戚朋友。我几十年没有联系的中学同学，因为我的一通"讨债"电话——我刚到美国时他写信说需要500美元，那是我两个月的工资，我借他了，但是时间一久他也忘了——所以他二话不说，我们三个人的往返机票他都承包了。香港的住宿是我大哥腾出办公室，搞出两张按摩床和沙发椅给我们暂住。来到广州，吃住行一切由我的朋友颜文斗包办，他还自己做司机载我们往返广州和开平。那次，何秋兰、黄美玉攒了一点演出的"利是钱"（红包），对回去改善生活还是有些帮助的。2019年，我去古巴接她们的时候，发现何秋兰的退休金10年一直没涨，倒是随着年纪大了兼职也做不动了，甚至小阁楼睡觉也不方便了，想有钱修葺一下隔壁的空房来住，这事她还求助了洪门，未果。黄美玉的屋子也被2018年底的龙卷风刮坏了，她也希望赚点钱修房子。好在，2019年香港油麻地戏院的演出，她俩筹够了装修房子的钱，至少可以睡个好觉了。

何秋兰在香港油麻地戏院等待演出

何秋兰（正面）、黄美玉（侧面）回乡登台演出，正在上行头

黄美玉筹钱，就是想修葺这个破落的房子

吴帝胄还乡

2010年7月，因要为何秋兰、黄美玉寻根之旅筹款，我暗下决心要为吴帝胄寻根铺路。根据吴帝胄家老照片的线索，九曲十八弯，我摸到广东新会文楼，找到了他的家乡和他在广州的亲戚。原来，在六七十年代，相隔两国的这一家人，虽然双方都处在不安和困难时期，但他这位穷鬼佬亲戚仍然寄钱到乡下。

2014年4月，由美国胡琪瑜教授和香港雷竞璇教授资助，吴帝胄第一次踏上家乡的土地。

从香港过境的时候，他住在我家。吴帝胄带着全家福来到中国，他太太Belkis刚过世不久。我家没香烛，只拿来康乃馨，在我违建的天台上，朝着鸡冠山的方向祭拜。

我带他去元朗大排档吃牛肉粥、炸油条、咸肉粽，都是他小时候常吃的，他非常开心。第一天晚上，他在厕所待了很久，之后我发现浴室的衣架上挂着两块布，我研究了半天不明白那两块布是干什么的。原来他有失禁的问题，他的女儿丽蝉怕他长途旅行有难为情的时候，所以用不同的布料，包括纱布，帮他做了几套尿布。我发现这几条尿布洗得非常干净，我的洗脸布与之相比，简直像条咸菜。

有天晚上，他吃着古巴带来的饼干，笑着和我说："我以为香港乜都冇（什么都没有）！"睡前他轻声说："做了民兵，帮胡须佬搞好他的政权，而今看到唐人街和古巴全国的艰难，有点后悔。"

我们一起回到广州，吴帝胄见到了他的小姑——吴锦英，比他小二十多岁。虽然是第一次见面，但血缘让他们没有陌生感，立刻很亲近，像久别重逢的故人，拉着彼此的手舍不得放开。吴帝胄像个充满好奇心的小孩，见到墙上的中文字，就问他姑姑怎么读。转身时，一位能说英语的美女亲戚上来给他脸上一个吻，他笑着说："啜面（亲脸）好爽哇！"

我联系朋友让吴帝胄在广州中山大学和学生座谈，关于古巴华人的历史，和他做民兵时的故事。
一个学生问："有没有参加没收华人的财产？"

吴帝胄在刘博智香港家的阳台上拿出全家福，想告诉已去世的妻子他终于回到了故乡

吴帝胄在广州见到他的中国亲人，坐在他左侧的就是他姑姑，两位老人一路紧握双手

吴帝胄认真地答："当时有法律，所有商店都归公，是民兵去接收的，唐人街的商人很不喜欢他们。"

又问："接收的时候有登记吗？"

答："不用登记。"

会场内，大家都笑了，吴帝胄懵了一下，也不知何解地懵笑一下。

晚上我们去海珠桥夜游，有人看到他感觉好奇，他便随意地和路人聊天合影。桥边有街头艺人在卖唱，唱的是国语歌，虽然他听不懂，却听得入了迷。

在广州住了四五天后，吴帝胄的侄儿，就是他同父异母哥哥的儿子，带我们一起返回新会老家。一走到祖屋附近，就有人认出了他，"是老吴的儿子，长得和他爸爸很像"。他听到忍不住咧开嘴笑，双手握着邻居和他一样苍老的手，一路走到吴家祖屋。进门他就盯着祖屋里挂着的相片，里面的人他都认识，父亲、祖父、父亲的另一位妻子和他们的儿子帝仕。给祖先上香、点烛、敬酒，他做得恭恭敬敬。电视台来采访，说起了他的故事，他的父亲母亲，还有他对新会古井老家的向往——他爸爸告诉他，老家有一口古井……

吴帝胄没有告诉过家乡的人：1973年，他爸爸还没回乡就赌钱输光了家产，古巴已沦为穷国，赌档全关，他养了他爸爸好几年。多年来，是吴帝胄去工作，寄钱到家乡，家里人不知道，还以为是他爸爸寄的。后来他爸爸穷到只剩下一只表，带着几瓶酒就回乡了。这些事他只告诉了我，是我后来告诉了他在广州的异母生的姐姐。

在祖屋二楼的露台上烧纸钱时，看见屋前的树，我告诉他这是龙眼树。吴帝胄突然笑了："我爸爸讲，祖屋有两棵龙眼树！"他说："我81岁了，第一次来中国，见到亲人，我的姑姑，还有爷爷的相片，感觉像做梦一样。这么多年，一直想来看一眼，终于有机会了！都81了，第一次看到属于中国人的房子，就跟我小时候想象的一样。"

带着在祖屋捡来的几只瓷碗，吴帝胄又去吴氏宗祠上了香，在宗祠外面我问他感觉怎么样？

他说："我小的时候，爸爸告诉我古井是什么样的，民楼是什么样的，家乡是什么样的。民楼有这个、有那个，还有这个祠堂。所以我和唐人讲起，他们都以为我回过中国。"他越说，笑容越灿烂，看得出来，他是打心底里高兴。●

吴帝胄终于回到文楼祖屋

吴帝胄在吴氏宗祠前

2019年，何秋兰、黄美玉在香港油麻地戏院的演出圆满成功

尾声

2019年，何秋兰和黄美玉在香港油麻地戏院表演的时候，电视台来访。记者问我为何要带花旦们远渡重洋来到香港。面对他突如其来的问题，我边想边说，禁不住开始抽泣。同年9月19—23日，越众历史影像馆安排在上海IG映界影像艺术馆举办讲座，分享"古巴唐人"作品背后的故事。讲座结束后，一位香港朋友带了他的两位朋友（一男一女）过来，他们是开平人，握手时闻到他口中的烟味，我讨厌烟味，当即退了一步。在上海遇到讲台山话的人机会实在微小，我就用台山话和他们说着诸如吃台山黄鳝煲仔饭等不相干的应酬话……过了几分钟，人散了，烟味男人又来问我：为何带何秋兰来开平？我解释后，他竟然说他想哭，我仔细看了他的眼睛，真是红了一大圈，使我顾不上他身上的烟臭，大家就这样抱着哭。我的香港朋友又来抱着我哭。三个大男人竟在这样一个公共场合大哭！

从事拍摄工作的我，很多时候内心的感受都被压着，不一定能一一从作品中表达，也从未在被拍者前或任何人前表达。文字和语言，任何一种单一的表达方式，都不能描述由五官皮肉到内心瞬间五味杂陈的全过程！以至于大多往心里流过的眼泪，就这样忍不住在某些场合涌了出来。

几十年来，我到不同国家探望侨民，也都会去墓地拜候。鬼也要人陪，我知道。幸运的入土为安，若是乱石一堆或散骨乱弃，我都要抚摸一下，打个招呼。这些影像常在我脑海里浮现，真不知道何时能释怀。

参考文献

蔡少卿,《中国近代会党史研究》, 中华书局, 1987年

曹树基,《中国移民史》(第六卷), 福建人民出版社, 1997年

陈翰笙主编,《华工出国史料汇编》, 中华书局, 1985年

陈兰彬等,《古巴华工调查录: 美国哥伦比亚大学史带东亚图书馆藏珍本》, 上海
    书店出版社, 2014年

陈兰彬、谭乾初,《使美纪略·古巴杂记》, 岳麓书社, 2016年

高伟浓,《拉丁美洲华侨华人移民史、社团与文化活动远眺》(上、下册), 暨南大
    学出版社, 2012年

葛剑雄、吴松弟、曹树基,《中国移民史》(第一卷), 福建人民出版社, 1997年

胡其瑜著、周琳译,《何以为家: 全球化时期华人的流散与播迁》, 浙江大学出版
    社, 2015年

黄卓才,《鸿雁飞越加勒比: 古巴华侨家书纪事》, 暨南大学出版社, 2011年

黄卓才、袁艳编,《从契约华工到改革先锋——中国人抵达古巴170周年纪念文
    集》, 中国社会科学出版社, 2017年

孔飞力著、李明欢译,《他者中的华人: 中国近现代移民史》, 江苏人民出版社,
    2016年

雷竞璇,《远在古巴》, 中信出版社, 2016年

雷竞璇编,《末路遗民——古巴华侨访谈录》, 牛津大学出版社, 2016年

李柏达编著,《古巴华侨银信: 李云宏宗族家书》, 暨南大学出版社, 2015年

理查德·戈特著、徐家玲译,《古巴史》, 中国大百科全书出版社, 2013年

李春辉、杨生茂主编,《美洲华侨华人史》, 东方出版社, 1990年

黎全恩,《洪门及加拿大洪门史论》,商务印书馆(香港)有限公司,2015年

刘叶华,《他乡·故乡——拉美华人社会百年演变研究(184—1970)》,中国人民
    大学出版社,2015年

玛丽-爱丽丝·沃特斯著、王路沙译,《我们的历史并未终结:古巴革命中的三位华
    裔将军》,知识产权出版社,2008年

梅塞德斯·克雷斯波·比利亚特著、刘真理译,《华人在蔗糖之国——古巴》,复
    旦大学出版社,1998年

秦宝琦,《中国洪门史》,福建人民出版社,2012年

吴凤斌,《契约华工史》,江西人民出版社,1988年

西敏司著、王超、朱健刚译,《甜与权力——糖在近代历史上的地位》,商务印书
    馆,2010年

袁艳,《融入与疏离:华侨华人在古巴》,暨南大学出版社,2013年

Carlos Alberto Borrego Quevedo(卡洛斯·阿尔贝托·博雷戈·奎维多),
    EL CEMENTERIO CHINO DE MARIEL: IGNOTO, DEVENIDO EL MÁS
    ANTIGUO DE AMÉRICA(《美洲最早却不为人知的玛丽埃尔中国公墓》)

Duvon Clough Corbitt, *A Study of the Chinese In Cuba: 1847-1947*, Wilmore:
    Asbury College, 1971

Jalane D.Schmidt, *Cachita's Street-The Virgin of Charity, Race, and Revolution in
    Cuba*, Duke University Press, 2015

Mauro García Triana and Pedro Eng Herrera; edited and translated by Gregor
    Benton, *The Chinese in Cuba, 1847-Now*, Lexington Books, 2009

班国瑞著, 杨艳兰译、黎相宜校,《关公与观音: 两个中国民间神在古巴的变形》,
　　《八桂侨刊》, 2014年, 第4期

陈昌福,《司徒美堂与中国洪门民治党》,《上海市社会主义学院学报》, 2013年,
　　第6期

李春辉,《近代拉丁美洲的华工问题》,《近代史研究》, 1981年, 第4期

马继武,《论拉丁美洲殖民经济结构的形成》, 山东师范大学硕士学位论文,
　　2007年

秦宝琦,《海外洪门对辛亥革命的贡献》,《清史研究》, 2011年, 第4期

吴冠中,《现代消费社会的起源: 17、18世纪英国消费问题研究》, 南京大学博士
　　学位论文, 2014年

Evelyn Hu-Dehart, "Chinese Coolie Labor in Cuba in the Nineteenth Century: Free
　　Labor of Neoslavery", Contribution in *Black Studies*, 1994, Volume 12, Article 5

Li Anshan, "A Historiographical Survey of the Study of Chinese Immigrants in
　　Latin America and the Caribbean", *China and Africa in a Global Context:
　　Articles, Chapters and Reviews (Volume I)*, Center for African Studies, Peking
　　University (PKUCAS), 2013

后记

2019年12月28日，筹划了近两年的"移民——刘博智华人流散文化影像展"在深圳市越众历史影像馆开幕。展览对摄影家刘博智五十年来拍摄的早期移民影像做了一次全面梳理，按流散的地域分为北美、南美（古巴为例）、东南亚和本土中国四个部分，从整理出来的六千多件摄影作品中选取约400件展出，主要分为以视觉优先的"人像"作品和以记录优先的"人文"故事两部分。其中，"古巴唐人"系列作品，不管是从人像上，还是人文上，都深深吸引了许多观众。

摄影家刘博智从2009年第一次去古巴发现了"一条没有唐人的唐人街"，到越众历史影像馆筹备展览之前——2019年初最近一次去古巴——出发之前还在问我护腰带在哪里买，止痛药在哪里买，这些都是他那时要带去给在古巴的老唐人们的。这十年间他不止于为创作而捕捉了精彩的画面，更是不知不觉地介入了一群"古巴唐人"的生活，成了他们的倾诉对象，也是极少数能够理解他们的"乡情"和"夙愿"的老朋友。当我们在筹备展览，梳理刘博智的作品时，他"喋喋不休"地诉说着这一人群的故事。

记录和发表这些超出了影像范畴的具有珍贵人文意义的故事，这个想法逐渐在我心中变得清晰。

摄影作品的精彩和文献价值的可贵，注定了我们不满足于出版一本纯摄影画册，也不止步于做纯文献资料。不结合两种图书的优点不足以表现我们遇见刘博智和他的作品时那种如获至宝的惊喜。况且，我还希望透过背后看不见的努力，让读者像阅读故事书一样酣畅。由于这种种"贪念"，让这本书的编辑变得不那么容易。

其中最难之处在于，这不是记录口述史，而是记录转述的口述史，意味着磨损的信息将会更多。为了尽量减少记录时又磨损一次，我们在比对各种史料之后，尽量保存那些记忆清晰的表达。因为刘博智田野调查式的拍摄，其价值不仅在于"有图有真相"般见证已被记录的，更有可能补充了过往史料中所未曾记载的。为了尽量做到以他所见（镜头拍下），丰富或补充我们之所见（文字读到），所做的大量考证工作，就是前面所说的"背后看不见的努力"。此外，为了完善故事结构，将刘博智口述的人物故事放入大时代背景之中，书中还补充了诸多相关的历史资料，具体细节也引用此前多位学者的研究成果与之相互佐证。为了阅读起来更像故事书，我们尽量抹去学术文献的晦涩，减少注脚，最后将参考书目一并列出。

这本书虽是我执笔，但这"背后的努力"多得我的同事们——整个越众历史影像馆团队的共同努力。借此，我郑重感谢许钰琪为梳理所有影像资料所做的大量基础工作，包括摄影作品和视频资料的归类收档、录入信息，方便调取、查阅和配图；梁秀青查阅了所有与华人华工早期移民相关的历史资料，以及种种相关背景信息，只要有关联，都不放过，推动了考证的进程；此外，胡亦婷、刘健庚等一起对口述人物故事中出现的人名、地名、时间、年龄等琐碎但非常容易在口述和转述过程中因记忆偏差产生出入的信息进行多次比对和校正；还有孙梓在联系出版、跟进排版设计等事务方面所做的一切努力。

感谢陈卓一诺千金兑现了此书的出版，由于他以"寻踪"定题，促使我重新思考刘博智为什么明明拍摄了这么多人像，却会说"没有唐人"，并在重新撰写的过程中逐渐清晰了刘博智心中对"唐人"的最初概念，以及接触"古巴唐人"之后的转变，最终形成了本书的故事线。

感谢李媚、郑梓煜、杨小彦、邓启耀、王璜生、顾铮、蔡涛、颜长江、尚陆等专家学者先后加入刘博智作品的展览和出版计划中，给予指导并赐予评论文章，虽未在书中发表，但其从专业领域上的指导，足以影响我对展览的呈现和此次出版内容的思考。

最后感谢刘博智先生对越众历史影像馆团队的信任，感谢一直默默支持着整个越众历史影像馆事业的应宪董事长。

黄丽平

2022年1月

黄丽平

1979年生。
昆明理工大学文学学士，中国人民大学艺术学硕士。
2003—2014，任职于深圳市关山月美术馆。
2014年至今，任职于深圳市越众历史影像馆 。
十九年美术博物馆从业经验，从事美术馆／博物馆管理，品牌
策划与推广，展览策划与推广。
现任深圳市越众历史影像馆馆长。

重要展览／活动策划
"移民——刘博智华人流散文化影像展"，2019年12月28日开
幕，越众历史影像馆首展。
"时代的印迹——《老照片》二十周年纪念展"，2017年越众历
史影像馆首展，获文化部全国美术馆馆藏精品展出季优秀展览
项目；该展已巡青岛、济南。
"一个有问题的展览——从一段潮汕旧影像说起"，2016年越众
历史影像馆首展，获文化部全国美术馆优秀展览项目提名；该展
已巡香港中文大学、香港大学、汕头万象城。
"国家记忆——美国国家档案馆藏二战中美友好合作影像系列巡
展"，2014年美国华盛顿众议院、北京中国革命军事博物馆、2015年
纽约书展、2016年云南陆军讲武堂展，该展已巡15场。
"博蕴华光——敦煌艺术大展"，2011年关山月美术馆展出。
关山月美术馆"四方沙龙"系列公益学术讲座策划实施，2005—
2014年，首获全国美术馆发展扶持计划入选项目及深圳市文化
创新奖（2011）。

刘博智

1950年，出生于香港九龙。

1969年，离开香港到加拿大，在多伦多商业摄影师Barry Ashley门下当学徒。

1970年，到加拿大哈里法克斯，在餐厅当厨房帮工，第一次亲身融入海外华人社区。

1971年，到美国加州入读布鲁克斯摄影学院，主修工商业及科学摄影。

1973年，到墨西哥进行第一个纪实项目，同年在旧金山唐人街研究华人社区的真实状况。

1975年，进入加州艺术学院修读硕士。到墨西哥的边境小城蒂华纳及收容越南难民的彭德雷顿营进行纪实摄影工作。

1976年，尝试以社会纪实摄影记录中国移民，先后在旧金山及温哥华的唐人街取材。

1977年，任堪萨斯大学美术学院设计系助理教授；在匹兹堡、纽约及亚拉巴马州塔拉德加的唐人街继续摄影工作。

1980年，第一次回到离开十年的香港，在家乡台山、广州及周边地区拍摄祠堂等场景，开始关注中国南方的巨大变化。

1984—1985年，始任堪萨斯大学美术学院设计系副教授。赴14国拍摄海外华人的生活。

1994—1995年，赴13国考察不同地方的华人社区，并继续跟进记录深圳、东莞等地工业化及社会变迁的摄影计划，尤其关注中国人口的大量流动。

1997年，在香港回归中国前后探访并拍摄纪实场景及肖像系列。

2000年，开始人物肖像摄影项目，以不同种族的混血儿为对象，反映美国的社会变迁。作品《我们的四分之一世纪》(*Our Quarter Century*) 在亚利桑那州大学创意摄影中心展出。"再梦金山"系列作品在法国展出。

2002年，获堪萨斯大学颁发的卓越教学奖。

2003年，出版个人摄影集《再梦金山》。

2008年1月，广东美术馆举办"流动·中国——刘博智个人作品展"。3月在美国休斯顿国际摄影节展出"印·象：当代中国传奇"(*Imprint and Phenomena: The Legacy of Contemporary China*)。

2009—2019年，五次赴古巴制作"古巴唐人"系列，邀请白人花旦何秋兰和混血儿黄美玉到香港、广州、佛山演出，与何秋兰一同到其养父的家乡开平寻根、祭祖。致力于研究十九世纪末到古巴的数万华工。

2017年，"漂浮的基因：刘博智镜头中的移民故事"，融空间，温哥华，加拿大。"复相·叠影——广州影像三年展"，广东美术馆。

2020年，"移民——刘博智华人流散文化影像展"，深圳市越众历史影像馆。

图书在版编目（CIP）数据

古巴唐人 / 刘博智口述、摄；黄丽平编撰. — 南京：南京大学出版社, 2022.10
ISBN 978-7-305-25166-5

Ⅰ. ①古… Ⅱ. ①刘… ②黄… Ⅲ. ①华侨 - 移民 - 历史 - 古巴 - 摄影集 Ⅳ. ①D634.375.1-64

中国版本图书馆CIP数据核字(2021)第243787号

出版发行　南京大学出版社
社　　址　南京市汉口路22号　　邮编　210093
出 版 人　金鑫荣

书　　名　古巴唐人
口述/摄影　刘博智
编　　撰　黄丽平
责任编辑　陈　卓

印　　刷　南京爱德印刷有限公司
开　　本　889×1194　1/16　印张 15　字数 378千
版　　次　2022年10月第1版　2022年10月第1次印刷
　　　　　ISBN 978-7-305-25166-5
定　　价　198.00元

网址：www.njupco.com
官方微博：http://weibo.com/njupco
微信服务号：njuyuexue
销售咨询热线：(025)83594756

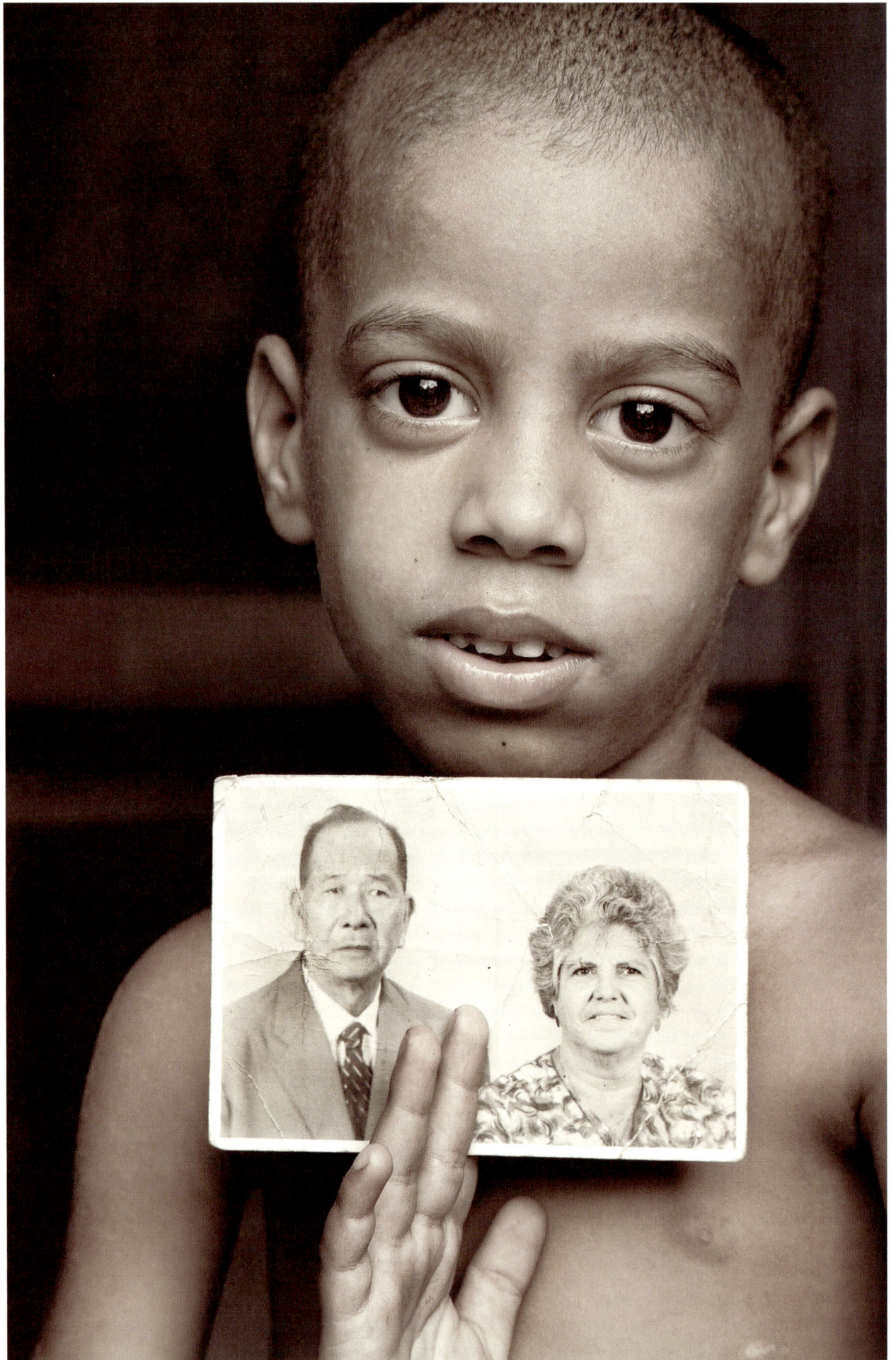

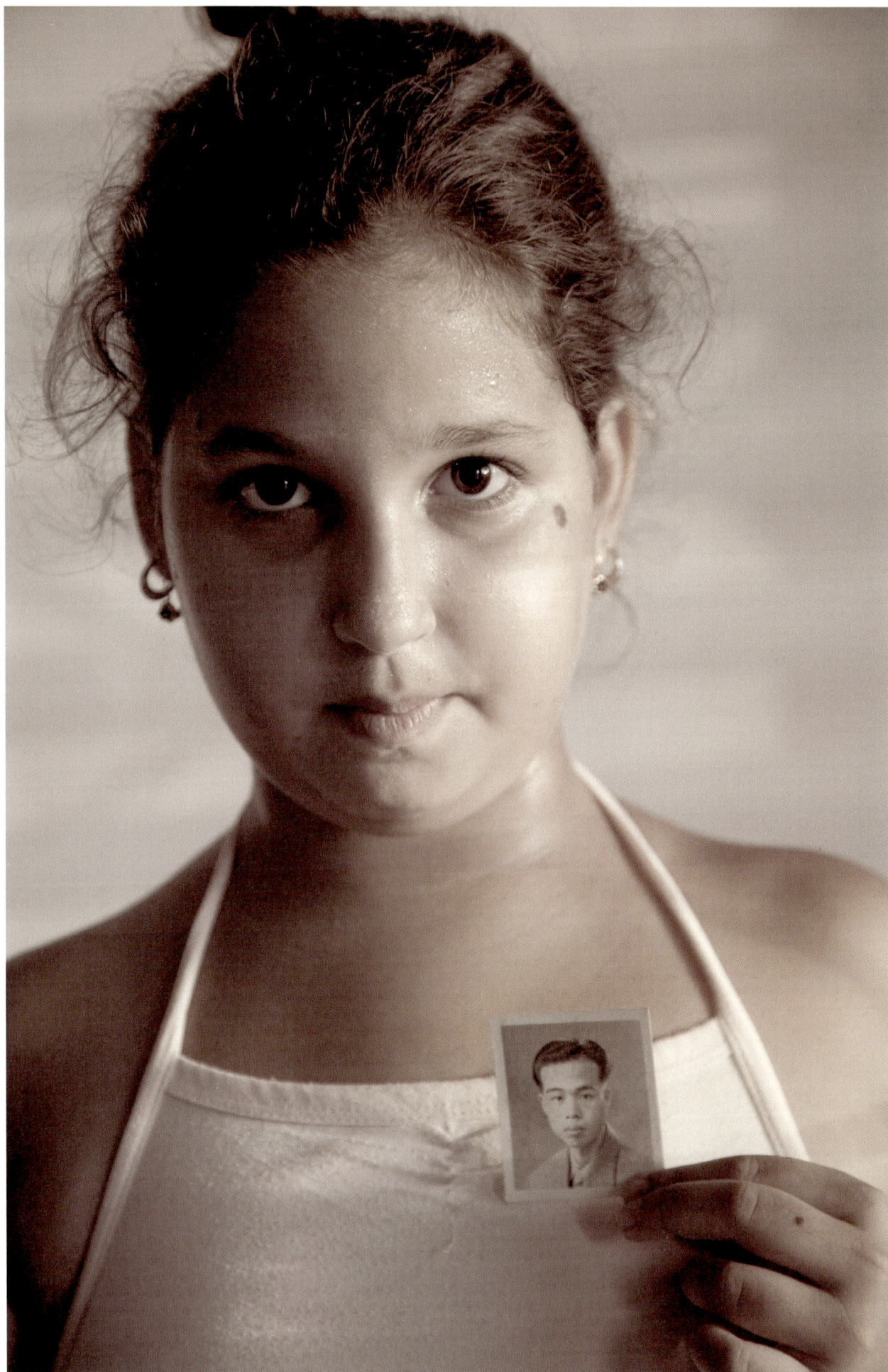

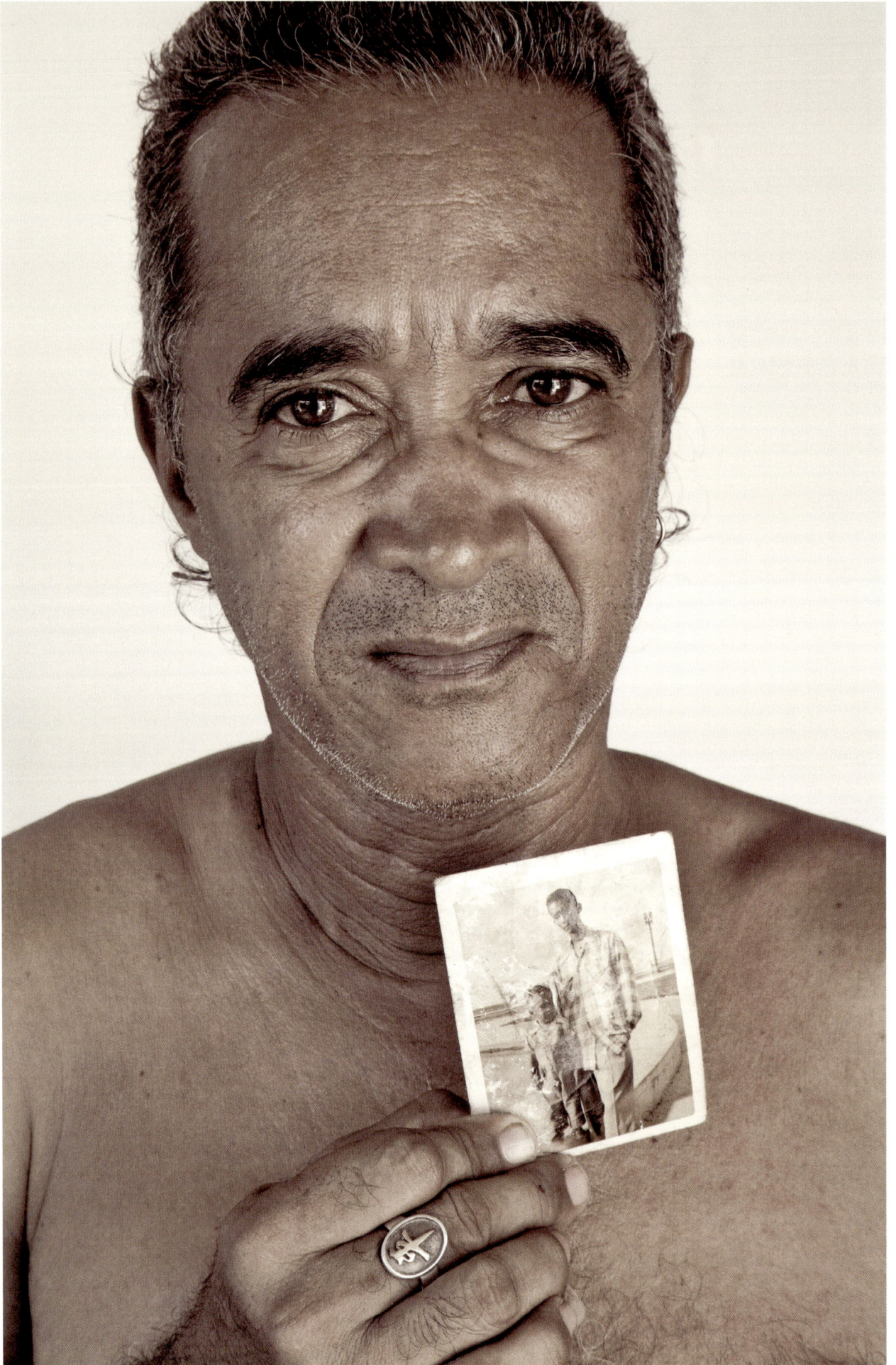

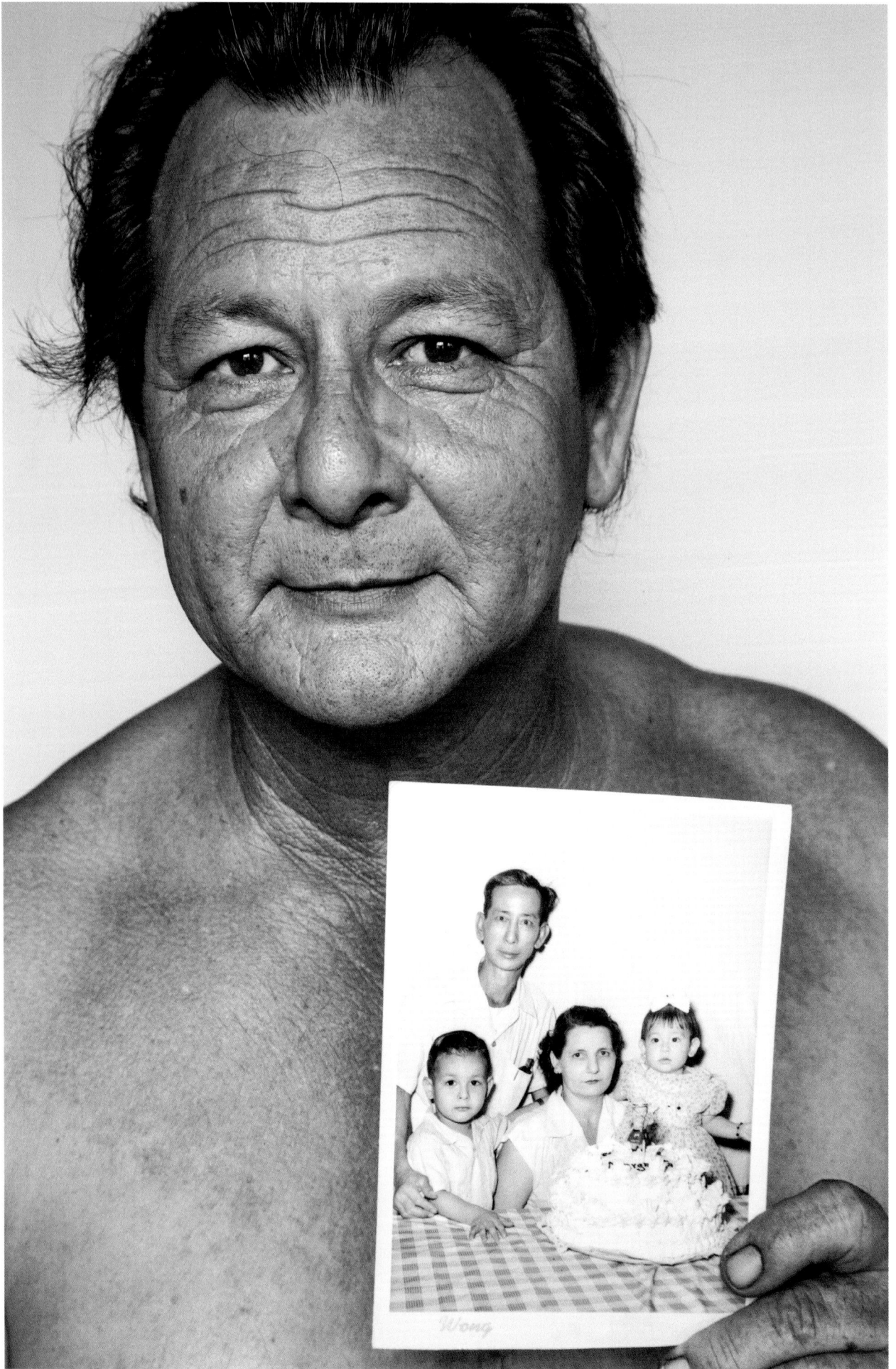

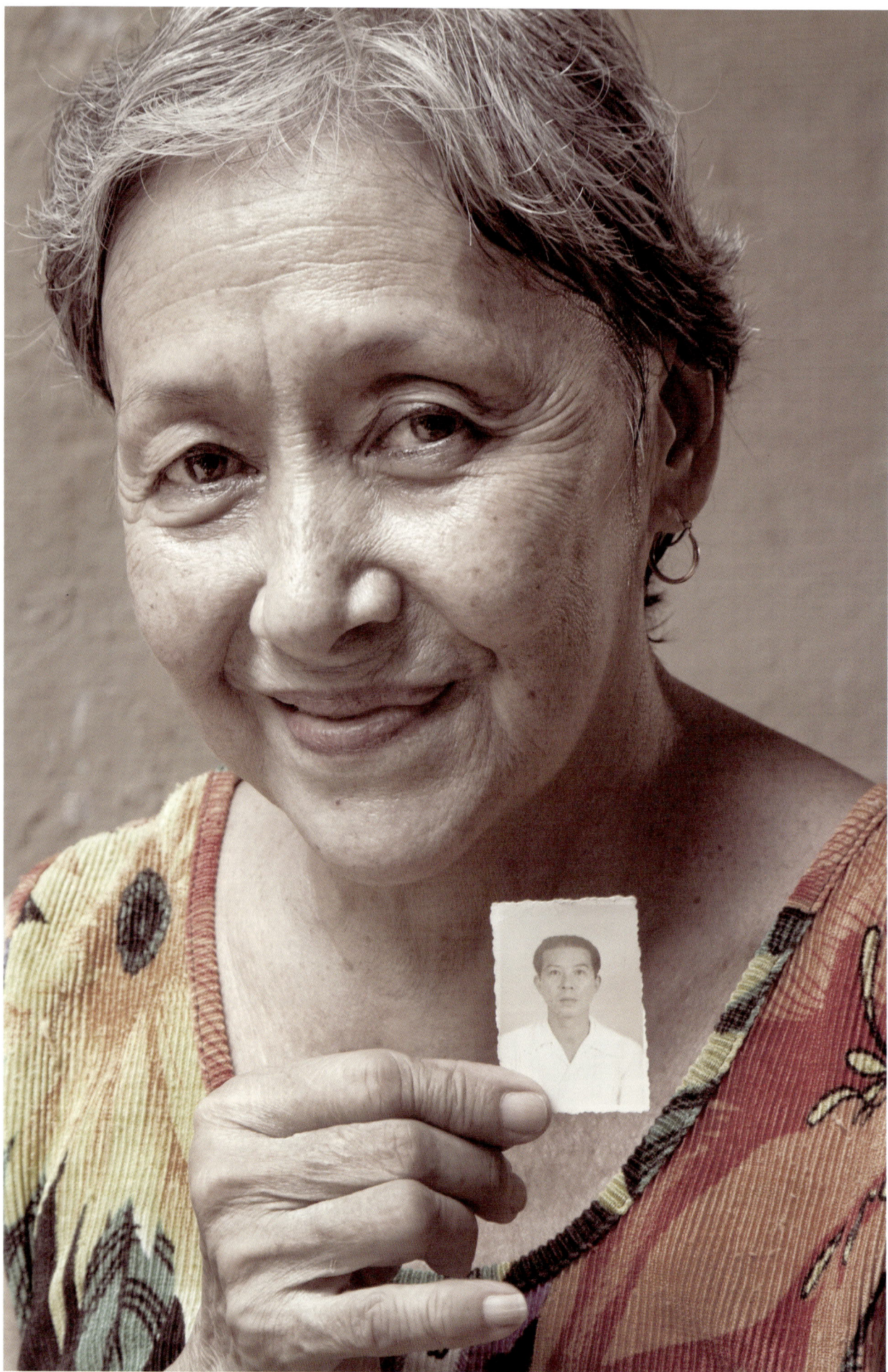

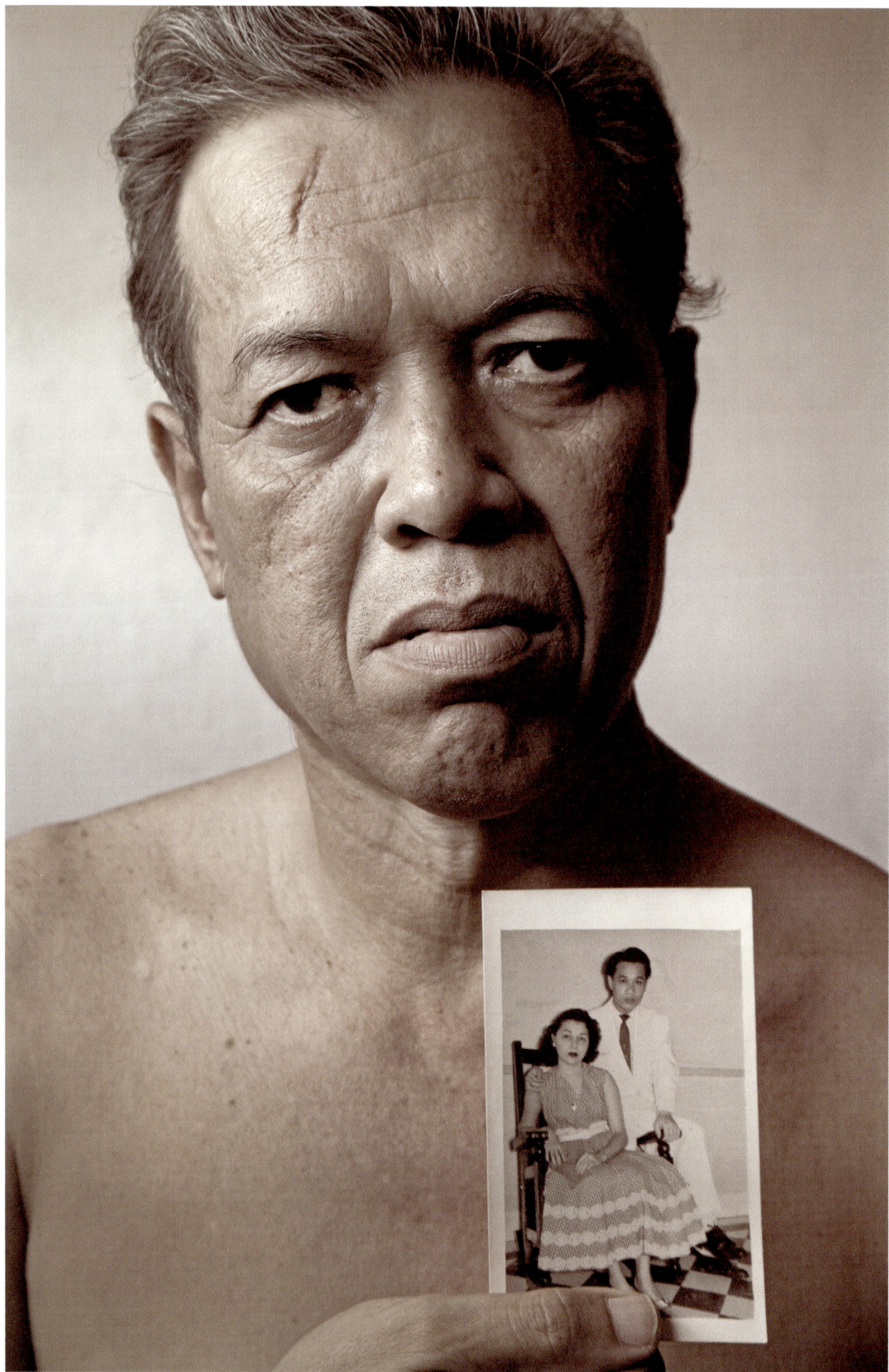

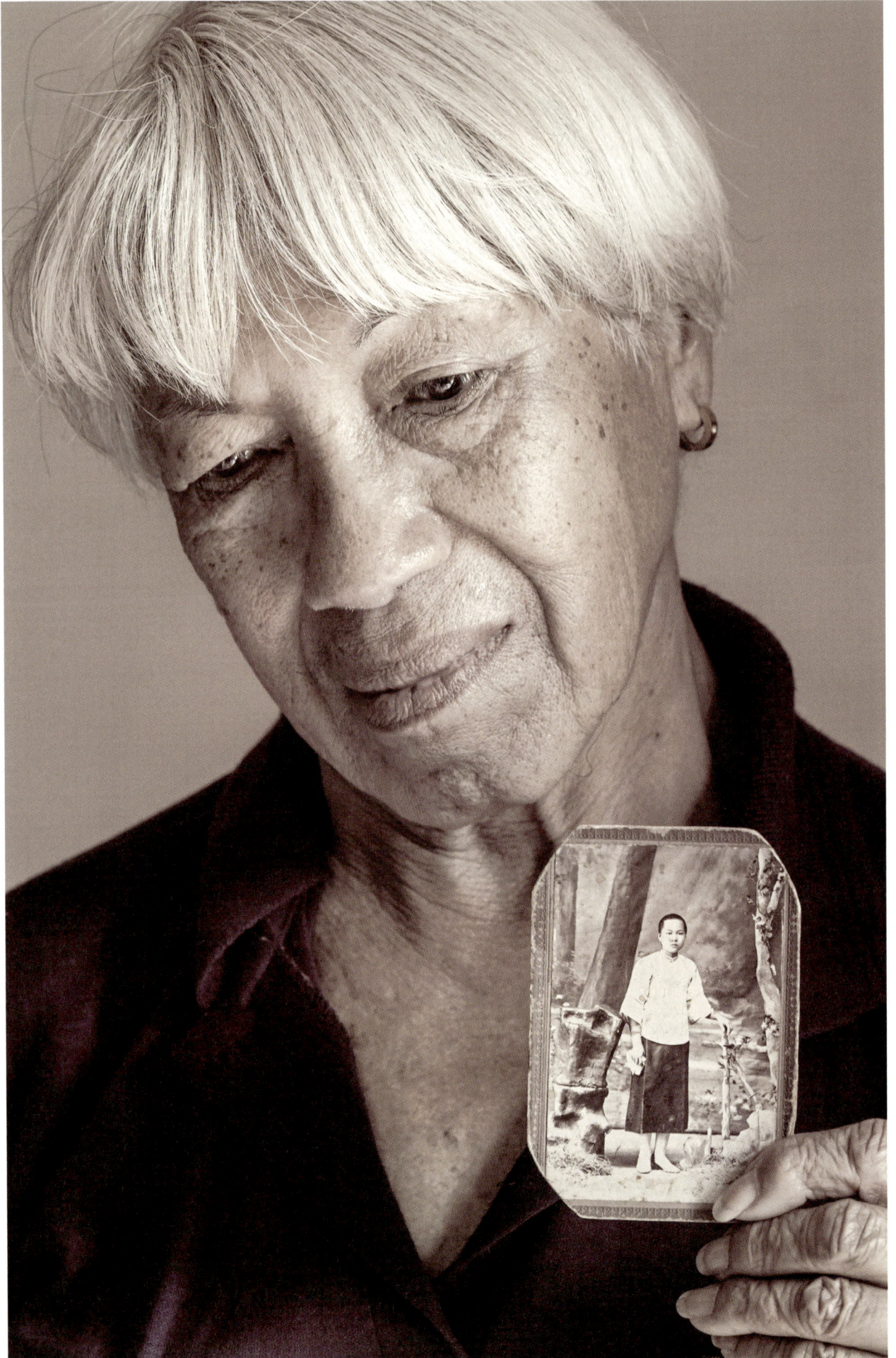

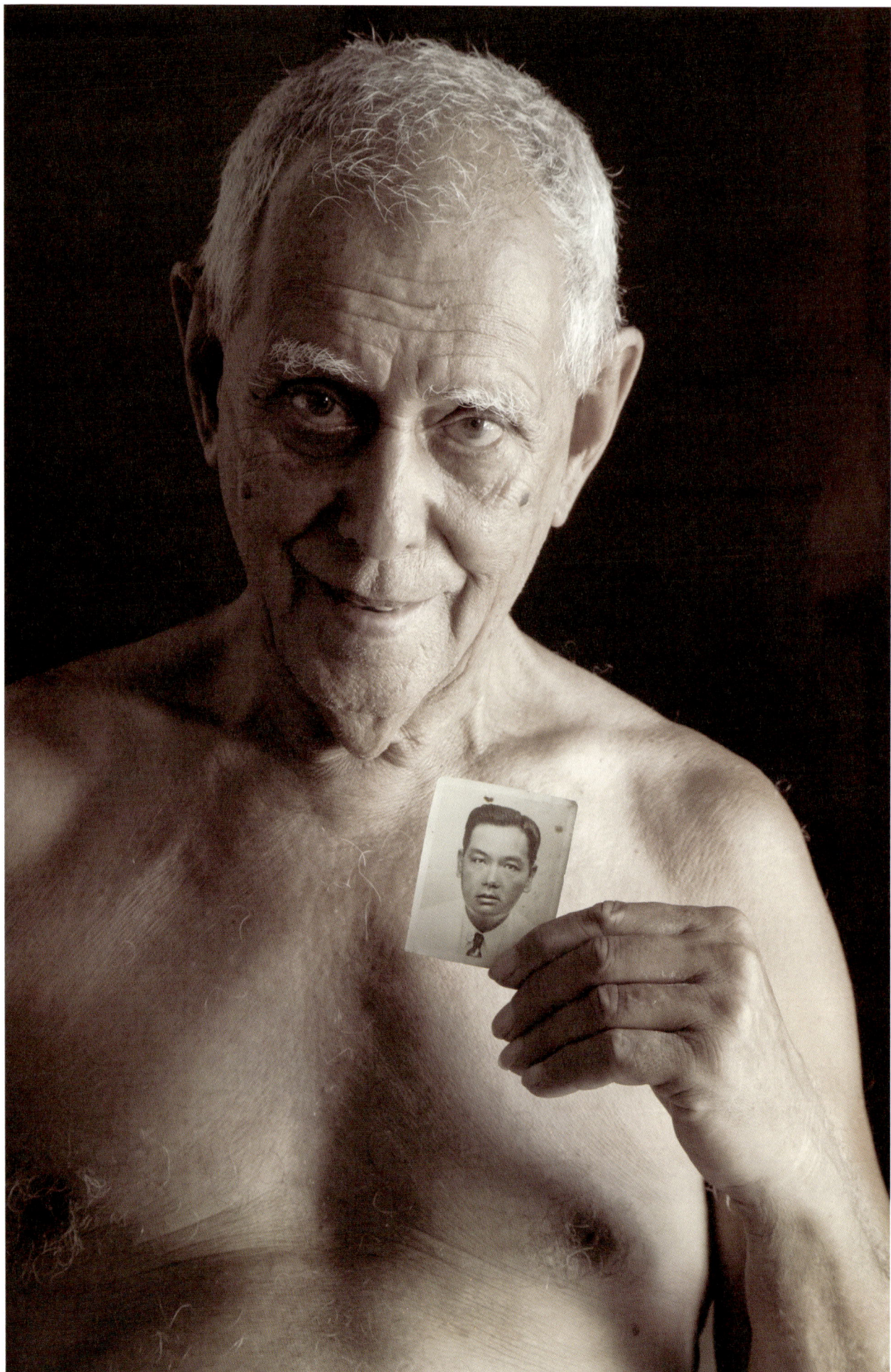

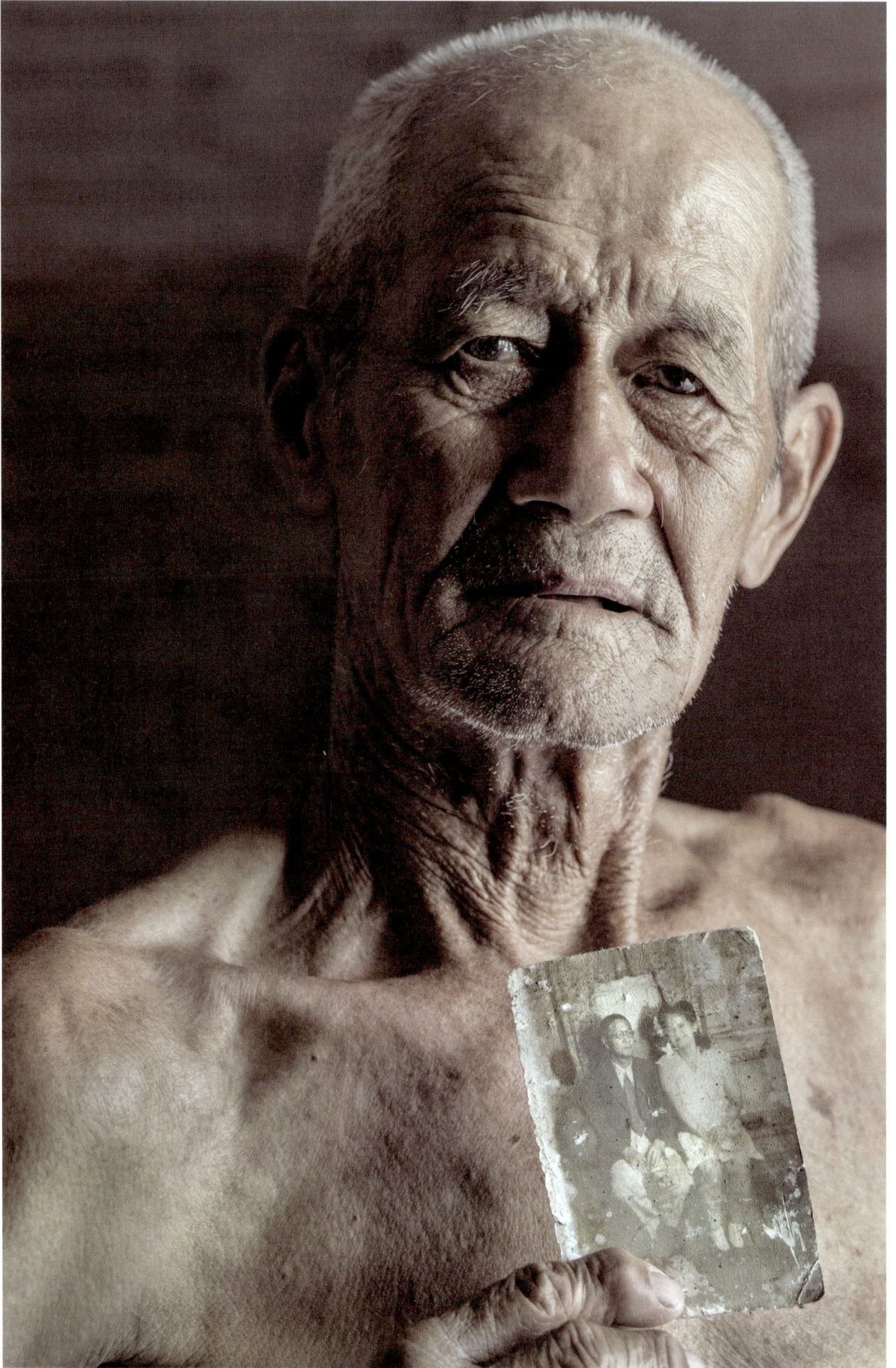

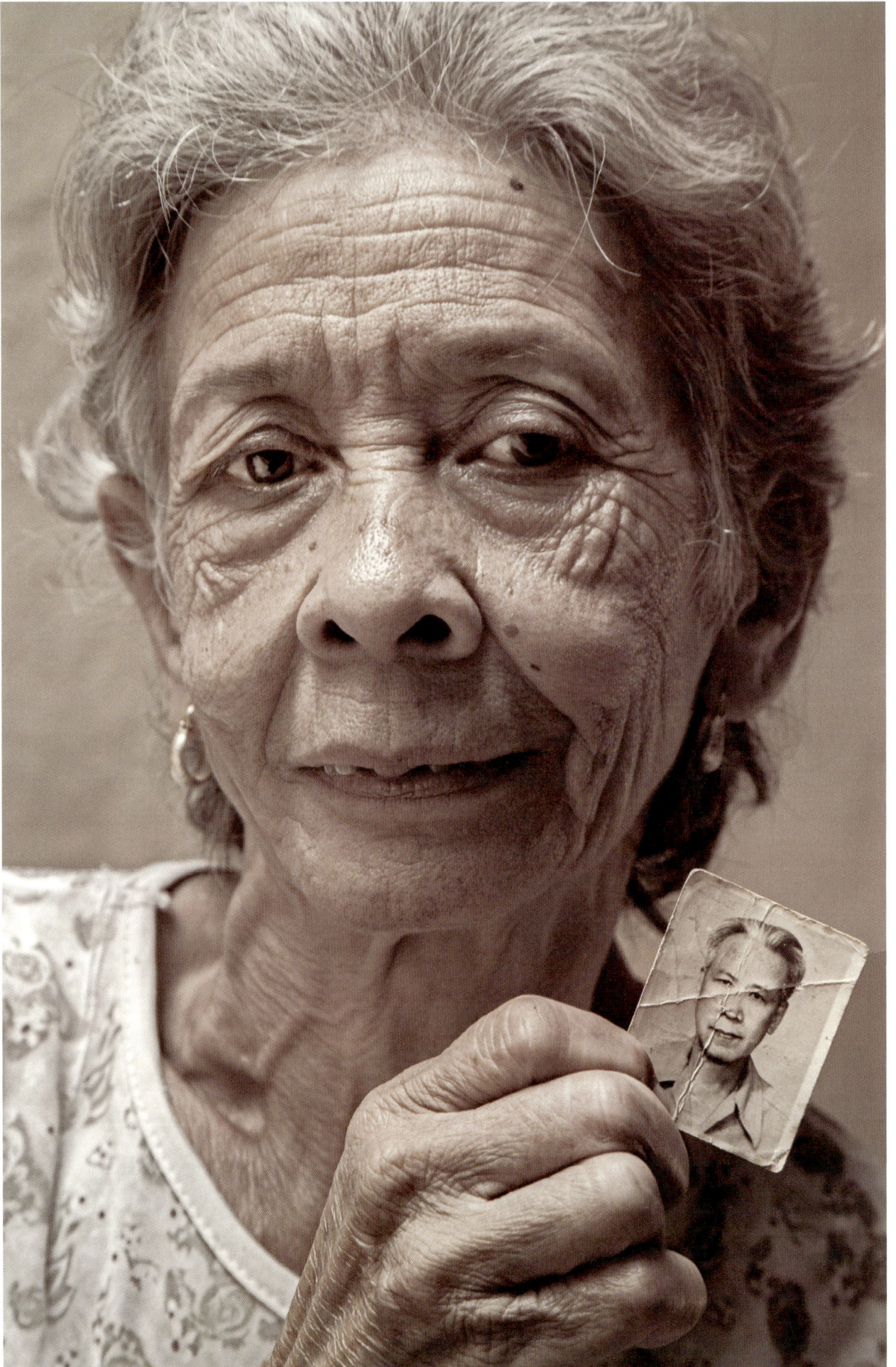

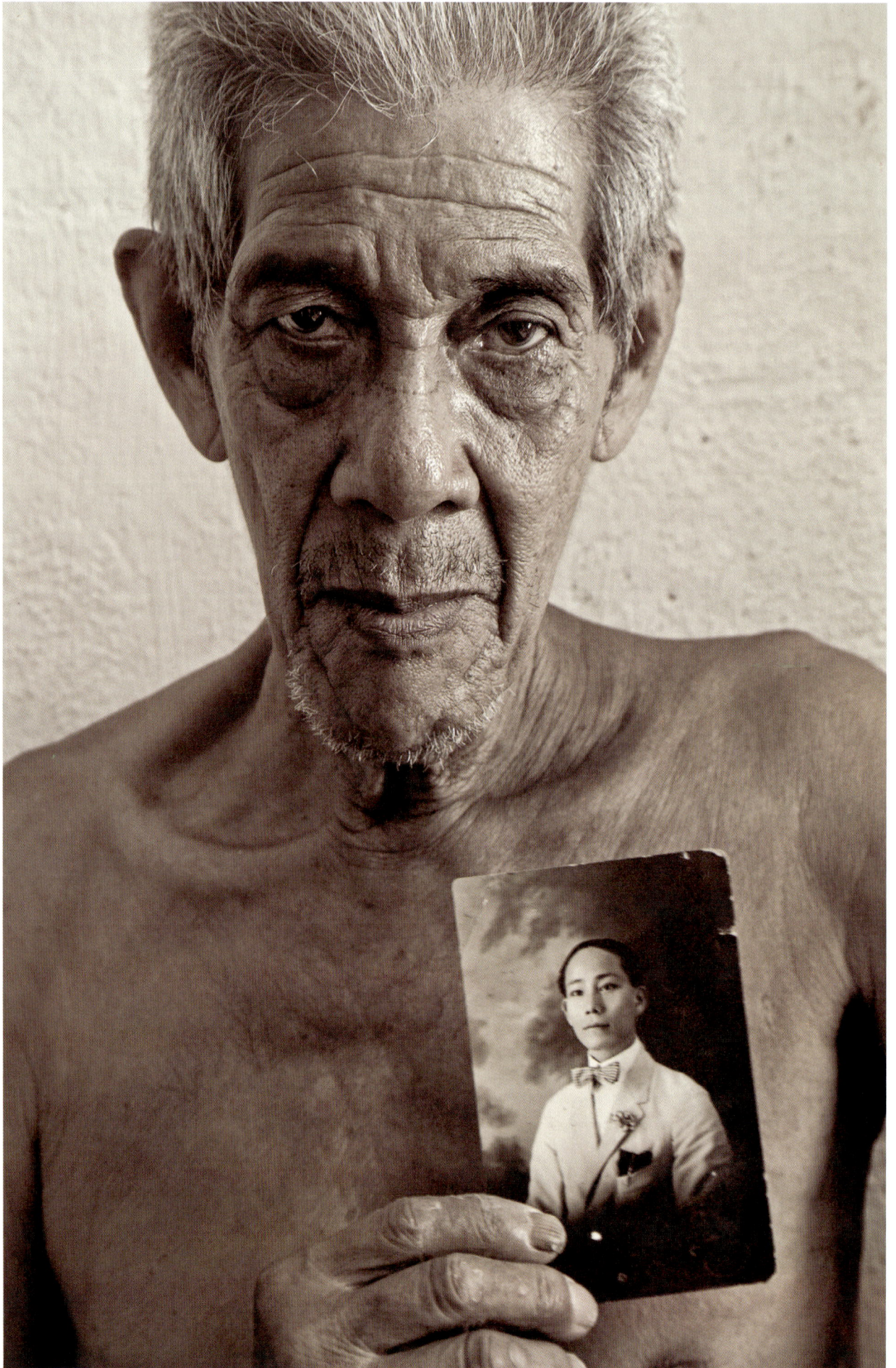

这本书拍摄的是仍在世的老华侨和他们的后代。我在古巴接触过的诸多老华侨或他们的家人和后代，都很怀念故去的祖先和中国传统。

在古巴，我听过许多感人的故事。

有中国人的继子，没有中国血统的，将继父破旧的一寸黑白相片在钱包里放了二十几年。提起继父，堂堂男子汉，一把鼻涕一把泪。

有中国人的继女，学说中国画，学写中国字，一字一句地背诵粤剧歌词，曲本珍藏了几十年。

有老华侨的古巴妻子说起故去的丈夫，热泪盈眶。

中国人一分一毫地赚钱养家，照顾家人朋友，在古巴老婆和子女心中留下了深刻印象。

几乎所有的古巴女人说起中国丈夫都赞不绝口，几乎所有和中国人生活过的古巴人，即使和他们没有血缘关系，也对他们的勤劳、顾家、乐于助人，称赞有加。

他们对老华侨的情感和回忆让我动容，也是我拍摄这一系列人像的灵感所至。

我请他们将祖先的相片放在靠近心脏的地方来表现这种怀念。有的人祖先的相片已经遗失，我就让他们或者将手放在心上，或者闭上眼睛，去怀想祖先的一切。有的出生时中国祖先已经过世，但他们都知道自己是中国人的后代。

有一次走在大街上，被一家古巴人看见，把我叫住，指着他们才几个月的孩子说他也有中国血统，已经第五代了。

大部分华裔还有一点中国人的轮廓，有的已经完全看不出中国人的痕迹，不论肤色。所以这一系列的人像我后期调了颜色，不管是黑人白色黄种人，一律调成一个色调，只表现人的相貌轮廓，而不突出人的肤色。照片里的人有的是夫妻，有的是祖孙，有的是兄弟，有的是母女或父女，表现的都是一种亲密温暖的关系。

Cuban Chinese